KB111277

영화 배급과 흥행

─천만영화의 흥행 공식

아모르문디 영화 총서 14

영화 배급과 흥행: 천만영화의 흥행 공식

초판 1쇄 펴낸 날 2019년 9월 20일
　　 2쇄 펴낸 날 2020년 2월 28일

지은이 | 이하영　펴낸이 | 김삼수
편　집 | 김소라　디자인 | 최인경
펴낸곳 | 아모르문디　등　록 | 제313-2005-00087호
주　소 | 서울시 마포구 성미산로13길 87 201호
전　화 | 0505-306-3336　팩　스 | 0505-303-3334
이메일 | amormundi1@daum.net

ⓒ 이하영, 2019 Printed in Seoul, Korea

ISBN 978-89-92448-87-1　　94680
ISBN 978-89-92448-37-6(세트)

※ 이 도서의 국립중앙도서관 출판예정도서목록(CIP)은 서지정보유통지원시스템 홈페이지(http://seoji.nl.go.kr)와 국가자료공동목록시스템(http://www.nl.go.kr/kolisnet)에서 이용하실 수 있습니다.(CIP제어번호: CIP2019033738)

아모르문디 영화 총서·14
mormundi Film Books

영화 배급과 흥행

─천만영화의 흥행 공식

이하영 지음

아모르문디

'아모르문디 영화 총서'를 시작하며

영화가 탄생한 것은 1895년의 일입니다. 서구에서 영화에 대한 이론적 담론은 그로부터 한참 뒤인 1960년대에야 본격화되었습니다. 한국에서는 1980년대 후반의 일이었습니다. 대학원에 영화학과가 속속 생겨나면서 영화는 비로소 학문의 영역으로 들어왔고 연구자들에 의해 외국 서적들이 번역·소개되기 시작했습니다. 1990년대 중반까지만 해도 외국어로 된 책을 가지고 동아리 모임이나 대학원에서 함께 공부하고 토론했던 기억이 새롭습니다. 매일 선배나 동료들에게 애걸복걸하며 빌리거나 재복사를 한, 화면에 비가 내리는 비디오테이프를 두세 편씩 보고서야 잠이 들고 다른 언어로 된 이론서를 탐독하며 보냈던 시절은 어느덧 지나간 듯합니다. 이제는 구할 수 없는 영화가 없고 보지 못할 영화도 없습니다. 그럼에도 오늘 한국의 영화 담론은 어쩐지 정체되어 있는 듯합니다. 영화 담론의 장은 몇몇 사람들만의 현학적인 놀이터가 되어가고 있는 느낌입니다.

최근 한국의 영화 담론은 이론적 논거는 부실한 채 인상비평만 넘쳐나고 있습니다. 전문 영화 잡지들이 쇠퇴하는 상황에서 깊이 있는 비평과 이해는 점점 더 찾아보기 어려워지고 있습니다. 대학과 현장에서 사용하는 개론서들은 너무 오래전 이야기에 머물러 있고 절판되어 찾아보기 힘든 책들도 많습니다. 인용되고 예시되는 장면도 아주 예전 영화의 장면들입니다. 영화는 눈부신 속도로 발전하고 있는데, 그에 대한 이론적 논의는 그 속도를 따라가지 못하는 형국입니다. 물론 이론적 담론이 역동적인 영화의 발전 속도를 바로바로 따라잡기란 쉽지 않은 일입니다. 그럼에도 당대의 영화 예술에 대한 깊이 있는 이해는 비평적 접근을 통해서만 가능하다고 믿습니다. 이에 뜻을 함께하는 영화 연구자들이 모여 '아모르문디 영화 총서'를 시작하고자 합니다.

'아모르문디 영화 총서'는 작지만 큰 책을 지향합니다. 책의 무게는 가볍지만 내용은 가볍지 않은 영화에 관한 담론들이 다채롭게 펼쳐질 것입니다. 또한 영화를 이미지 없이 설명하거나 스틸 사진 한두 장으로 논의하던 종래의 방식을 벗어나 일부 장면들은 동영상을 볼 수 있도록 기획하였습니다. 예시로 제시되는 영화들도 비교적 최근의 영화들로 선택했습니다. 각 권의 주제들은 독립적이면서도 서로 연관관계를 갖도록 설계했습니다. '아모르문디 영화 총서'는 큰 주제에서 작은 주제들로 심화되는 방향으로 구성되어 있습니다.

정체되어 있는 한국 영화 담론의 물꼬를 트고 보다 생산적인 논의들이 확장되고 발전하는 데 초석이 되었으면 하는 것이 '아모르문디 영화 총서'의 꿈입니다. 영화 담론의 발전이 궁극적으로 영화의 발전을 가져올 것이고 그 영화를 통해 우리의 삶이 더 풍요롭고 의미 있는 것이 되었으면 합니다.

기획위원 김윤아

〈일러두기〉

용어의 표기
일일 관객 수: 가독성을 위해 '일일관객수'로 붙여 씀
첫 주말 관객 수: 가독성을 위해 '첫 주말관객수'로 표기
2주차 주말 관객 수: '2주말관객수'로 표기
3주차 주말 관객 수: '3주말관객수'로 표기
숫자 '만 명': '명'을 생략하고 '만'으로 표기
천만 영화: 가독성을 위해 '천만영화'로 표기

약어
CJ ENM(옛 명칭 포함): CJ
롯데컬처웍스(주)롯데엔터테인먼트(옛 명칭 포함): 롯데
(주)쇼박스: 쇼박스
(주)넥스트엔터테인먼트월드: NEW
월트디즈니컴퍼니코리아 유한책임회사: 디즈니
유니버셜픽쳐스인터내셔널 코리아(유): UPI
메가박스중앙(주)플러스엠: 메가박스
워너브라더스코리아(주): 워너
이십세기폭스코리아(주): 폭스
소니픽쳐스엔터테인먼트코리아주식회사극장배급지점: 소니

들어가는 글

2019년 1월, CJ는 〈극한직업〉을 설 연휴 2주 전에 개봉시킨다. 설 연휴는 일일 평균 136만의 관객이 극장을 찾는 큰 시장이다. 한 주 뒤 쇼박스도 설 시즌을 노리고 〈빽반〉을 개봉한다. 이번 설은 2파전 양상이다. 그런데 이 2파전이 무서운 것은 관객이 1위 영화로 쏠리는 현상이 나타날 가능성이 매우 높기 때문이다. 만약에 이렇게 된다면 2위 영화는 흥행에 실패하게 된다. 2016년 설 시즌 영화였던 〈로봇, 소리〉와 〈검사외전〉이 그랬다. 〈로봇, 소리〉는 최종관객수 48만에 그쳤지만, 〈검사외전〉은 971만을 한다. 극과 극 상황이 발생하고 말았다. 과연 올해도 이런 현상이 나타났을까? 그와 더불어 설에 한국영화가 흥행이 잘되는 이유는 도대체 무엇일까?

3월 넷째 주, 한국영화 세 편이 동시에 개봉된다. 〈돈〉, 〈악질경찰〉, 〈우상〉. 세 편 다 총제작비가 80억이 넘는 흥행판에서는 나름 헤비급 영화들이다. 이 영화들은 체급에 걸맞게 주연배우도 빵빵하고, 배급사도 각각 쇼박스, 워너, CGV아트하우스다. 그런데 이들이 개봉된 주는 1년 52주 중에서 47위에 위치하고 있다. 이렇게 시장이 안 좋을 때 같이 개봉된 이유가 무엇일까? 한국영화 세 편이 동시에 개봉되는 경우는 흥행판에서 흔치 않은 일이다. 이들이 이런 선택을 할 수 밖에 없었던 이유는 또 무엇일까? 그 이유에는 〈캡틴 마블〉과 〈어벤져스: 엔드게임〉이 있다.

4월말 17주차, 〈어벤져스: 엔드게임〉이 개봉된다. 흥행판에서 4월말은 전통적으로 비수기 시장이었다. 왜 이때를 노린 것일까? 앞서 개봉된 마블영화들을 살펴보면, 〈아이언맨 1〉 17주차, 〈아이언맨 2〉 17주차, 〈토르: 천둥의 신〉 17주차, 〈어벤져스 1〉 17주차, 〈아이언맨 3〉 17주차, 〈어벤져스: 에이지 오브 울트론〉 17주차, 〈캡틴 아메리카: 시빌 워〉 17주차, 〈가디언즈 오브 갤럭시 2〉 17주차, 〈어벤져스: 인피니티 워〉 17주차, 이렇게 모두 17주차에 개봉되고 있다. 이유가 무엇일까?

5월말 21주차, 〈알라딘〉이 개봉된다. 첫 주말관객수 80만으로 시작한다. 이 정도면 예상되는 최종관객수는 약 250만 수준이다. 그런데 이 영화는 현재 누적관객수가 첫 주말 대비 16배에 이르고 있다. 천만은 벌써 넘겼다. 어떻게 이것이 가능할까? 이런 현상을 역주행 흥행이라고 한다는데, 역주행 흥행은 왜 일어나는 것일까? 역주행 흥행을 시작하면 왜 흥행이 잘되는 것일까?

6월 22주차에 〈기생충〉이 개봉된다. 자랑스럽게도 칸영화제에서 황금종려상을 수상한다. 영화제 수상은 흥행에 어떤 영향을 미칠까? 앞서 칸에서 황금종려상을 수상한 영화 중 국내에서 가장 잘 든 영화는 2004년 마이클무어 감독의 〈화씨 911〉로 최종관객수 46만이다. 많이 저조하다. 그런데 〈기생충〉은 어떻게 천만을 넘길 수 있었을까? 그렇다면 우리나라 시장은 좋은 영화는 언제 개봉되어도 잘되는 건강한 시장인가?

7월 8월, 여름시즌을 표현하기에 화약을 지고 불로 들어가는 것과 같다는 말이 있다. 그만큼 경쟁이 치열하다는 뜻이다. 그럴 수밖에 없는 것이 1년 전체관객수의 약 1/4인 5천만 이상이 이 시기에 집중되어 있기 때문이다. 이 시즌에는 국내 내로라하는 배급사마다 자신들이 가진 최고의 선수들을 내보낸다. 이런 영화들을 일컬어 텐트폴 영화라고 하는데, 그들이 촘촘히 1주차 경쟁을 하는 상황이다. 올해도 〈나랏말싸미〉와 〈엑시트〉, 〈사자〉, 〈봉오동 전투〉가 붙었다. 과연 결과는 어떠했을까?

2019년 상반기를 보낸 지금, 흥행판에 전무후무한 일이 벌어졌다. 천만영화가 벌써 4편이나 나온 것이다. 그중 2편이 디즈니 영화다. 한 배급사가 상반기에만 천만영화를 두 편이나 내놓다니 정말 대단하다. 그뿐만이 아니다. 천만까지는 못 갔지만 꽤 흥행을 한 〈캡틴 마블〉과 〈토이스토리 4〉도 디즈니이다. 상반기 국내 시장을 초토화시킨 디즈니의 전략을 무엇일까? 디즈니는 올해 20세기폭스를 인수함으로써 디즈니스튜디오 콘텐츠뿐만 아니라 픽사, 마블, 루카스필름(스타워즈)까지 보유한 진정한 공룡이 되었다. 앞으로 디즈니가 쏟아낼 엄청난 물량을 소화하려면 시즌만 가지고는 불가능해 보인다. 성수기, 비수기할 것 없이 모든 날이 '디즈니 데이'가 될 판이다. 이제는 작은 물고기들이 살던 연못은 사라지고 큰 물고기들과 생존경쟁을 해야 한다. 앞으로의 흥행판은 과연 어떤 모습일지? 지금부터 이 이야기를 시작해보기로 하자.

〈차례〉

1장 영화의 탄생과 배급

1. 배급의 역사

1895년 12월 28일, 파리의 시민들이 그랑 카페의 '인디언 살롱' 앞 카퓌신가에 줄을 선다. 뤼미에르 형제의 시네마토그래프(Cinématographe)의 첫 시연이 있던 이날은 최초의 대중적이고 상업적인 영화 상영이 이루어진 날로 영화사에 기록된다. 관객은 입장료로 1프랑을 내고 10편의 영화를 보았는데 시간은 30분에 약간 못 미쳤다. 이날 거기 모인 사업가들은 영화가 가진 엄청난 대중성과 수익성을 예견했을 것이다.

이듬해인 1896년 뤼미에르 형제의 영화를 알리기 위해 앙리 브리스포가 고안한 영화사상 최초의 포스터가 탄생한다. 이 포스터가 널리 알려지면서 파리 시민들은 아침 10시부터 저녁 11시까지 매 30분마다 뤼미에르의 구경거리를 보기 위해 살롱 앞에 줄을 섰다.

시네마토그래프를 발명한 뤼미에르 형제와 최초의 영화 포스터

　1895년을 영화 탄생의 시발로 본다. 이는 제작보다는 일반인들 앞에서 상영된 것에 더 큰 의미를 두기 때문이다. 광학극장을 가능케 한 영사기의 발명 또한 중요한 위치를 차지한다. 대중에게 보이는 행위는 예술이 가진 속성이기도 하지만, 보여줌으로 해서 행위의 결과가 인정받게 되는 것이기도 하다.

　대중은 자신의 호기심을 충족시키기 위해 가치적 판단으로 1프랑을 지불한다. 1프랑의 가치가 충족된 덕에 관객들이 밀려와 당시 경찰들은 질서유지를 위해 투입되어야만 했다.

　이 기록으로 영화의 탄생과 더불어 흥행이 시작되었음을 알 수 있다. 대중들 앞에서 상영되었고, 입장료를 받았으며, 지불한 돈만큼 가치가 충족되었기에 관객들이 몰려온 것이다. 이 흥행으로 말미암아 시장이 확대되기 시작한다. 콘서트홀이며 카페며 뮤직홀, 심지어 시장 장터로까지 꾸준히 확장된다.

뤼미에르 형제의 시네마토그래프에 앞서 1891년 천재 발명가 토머스 에디슨은 상자를 통해 확대경 뒤로 움직이는 필름을 볼 수 있게 만든 키네토스코프(Kinetoscope)를 발명하였다. 그는 자신이 발명한 영사기에 대해 특허신청을 한 뒤, 관련 회사들을 모아 1909년 영화특허회사인 MPPC(Motion Picture Patent Company)를 발족시킨다. 이후 MPPC와 계약한 회사들에게 독점적으로 필름을 공급하기 시작한다. 그것이 가능했던 이유는 MPPC가 영화배급을 특허라는 명목으로 필름제조사인 이스트만 코닥사와 결탁했기 때문이다. MPPC는 자사 카메라로 찍은 필름을 자사 영사기를 통해 영사해야 한다는 조건을 걸어 필름 렌탈료로 주당 2달러를 지불하도록 했다. 이렇게 배타적이고 제한적으로 사용료를 지불하고 영화를 상영하게 된 것이 영화산업에 있어 배급의 시작이 되었다.

1910년 미국 동부지역에 근거를 두고 있던 영화 제작사들이 대거 서부 캘리포니아로 이주하기 시작한다. MPPC에 매번 관련 특허료를 꼬박꼬박 지불하는 것에 불만을 가진 영화 제작사들이 특허료를 내지 않아도 되는 캘리포니아로 이주한 것이다. 이때 할리우드를 개척한 회사들이 유니버셜, 20세기폭스, 파라마운트, MGM, 콜롬비아 등이다.

1차 세계대전이 발발하면서 할리우드는 미국 영화의 중심지에서 세계 영화의 중심지로 도약하게 된다. 유럽의 영화산업이 전쟁으로 인해 큰 타격을 입고 경쟁력을 상실하였기 때문이다.

할리우드 영화가 대량으로 해외로 수출되기 시작한다. 이렇게 번 돈으로 할리우드 스튜디오 시스템이 탄생하게 되었고 영화 제작 과정이 일괄 생산체제로 전환되면서 대량으로 영화가 만들어지기 시작한다. 이들 할리우드 스튜디오들은 자사 영화의 유통을 위해 대규모 극장 체인망을 구축하기 시작한다. 이런 스튜디오 시스템 하에 제작과 배급, 흥행까지 장악한 메이저들이 급부상하면서 오히려 독점적 배급구조가 형성되고 만다. 에디슨의 독점시장으로부터 자유를 찾아 캘리포니아로 이주해 온 할리우드 영화사들도 결국은 독점적 배급의 길을 걷게 된 것이다.

스튜디오 시스템으로 인해 영화가 대량생산되자 자체 영화 제작(배급) 라인업이 만들어졌고, 자체 라인업을 소화하기 위한 안정적인 영화 유통을 위해 극장 체인망을 형성하게 되었다. 이로써 영화 배급의 기초가 형성된다.

2. '유통'이 아니라 왜 '배급'인가?

유통(流通, distribution)은 마케팅의 일환으로써 생산과 소비를 잇는 경제활동이다. 즉 제품이나 서비스를 어떤 유통경로를 통해 시장이나 고객에게 제공할 것인가를 결정하고 새로운 시장 기회와 고객 가치를 창출하는 일련의 활동이라 할 수 있다. 전통적 관점에서 유통경로란 '제조업자 → 도매상 → 소매상 → 소비자'로 이어지는 수직적 연계를 설계하고 관리하는 과정을 일컫는다. 이런 관점에서 영화의 유통구조를 간단히 살펴보면, 제조업자는 '프로덕션'이 되는 것이고, 도매상은 '배급사', 소매상은 '극장'이 된다.

그런데 왜 영화에서는 이러한 경제 활동을 일반적으로 통용되는 '유통'이라고 하지 않고 '배급'이라고 부르는 것일까?

거시적으로 유통은 경제, 사회, 문화와 함께 변화하고 발전한다. 특히 산업혁명에 의해 구축된 초기 산업사회에서 대량생산이 가능해짐에 따라 생산과 소비가 분리되는 초보적인 유통 기능이 발생하게 된다. 그리고 후기 산업사회로 넘어가면서 제조업체는 생산기능을, 유통업체는 다양한 유통기능을 수행하는 경영의 분업화가 이루어지게 된다.

영화의 유통 발전구조를 단계별로 살펴보면 다음과 같다.

① 초기 전통시장 단계: 제조업체(프로덕션)와 소매업체(극장)로만 이루어진 소규모 형태로서 특정 시장 안에서 차지하는 업체별 점유율도 매우 낮은 수준의 시장이다. 영화 유통의 근간 역시 여기서부터 시작되었다.

② 프로덕션 우위 단계: 할리우드 스튜디오 시스템으로 인해 초기 전통시장 구조인 프로덕션과 극장의 단순 구조가 깨지면서 영화를 만드는 프로덕션이 우위를 차지하게 된다. 이런 모습은 경제학에서 말하는 소비재 시장과 유사한 모습을 하고 있는데, 수요를 따라가지 못하는 공급 상황으로 인해 주로 형성된다. 당시 할리우드 영화가 전 세계로 진출하는 시기에 이런

스튜디오 시스템을 주도한 할리우드의 영화제작사들

현상이 나타나면서 프로덕션들이 유통의 주체가 되었다. 이후 극장의 성장과 프로덕션의 국제화가 동시에 또는 연이어 나타나는 단계를 거친다.

③ 극장 연합의 출현 단계: 프로덕션의 국제화가 진전됨에 따라 극장 세력들이 연합하여 프로덕션 세력과 균형을 이루는 단계이다. 이 단계에서는 파워 극장을 중심으로 인수·합병이 활발히 이루어지고, 이들의 강력한 교섭력이 시장과 중소 개인 극장주들은 물론 프로덕션까지 크게 위협하게 된다. 하지만 이 단계에 이르면 시장에서는 하이테크와 하이터치의 양면성을 지닐 것을 요구하게 되고, 고객과의 상호작용을 통해 새로운 부가가치를 창출하게 된다. 이 단계에 이르면 소비단계에서 다양한 유통의 형태가 만들어져야 하는 시점이 된다.

이와 같은 발전 과정을 거쳐 영화산업에서는 'Distribution'을 '유통'이라 하지 않고 '배급'이라 하고 있다. '배급'이라 함은 나누어 준다는 의미를 포함한다. '배분(또는 분배)'이라고도 할 수 있는데 이렇게 불리는 이유는 간단하다. 영화가 전국 모든 극장에서 상영되지 않고 특정한 극장에만 나누어져 유통되기 때문이다. 보고 싶은 영화가 있으면 상영되는 극장을 찾아가야 볼 수 있다. 영화산업의 초장기에 에디슨이 MPPC와 계약한 회사들한테만 독점적으로 필름을 공급할 때부터 이미 영화는 선택적 유통을 택했다고 할 수 있다.

출발부터 영화는 소프트웨어보다는 하드웨어가 우선인 사업이었다. 영화의 탄생도 광학극장을 가능케 한 영사기의 발명으로 비로소 이루어졌다. 하드웨어의 발전은 소프트웨어가 뒷받침해줘야 가능해진다. 이 경우 단일 소프트웨어가 아닌 다양한 소프트웨어가 도움이 된다. 즉 다양한 영화를 골고루 배급해주는 것이 한 영화를 모두에게 똑같이 주는 것보다 더 사업성이 있다는 것이다.

이어 할리우드 스튜디오 시스템으로 넘어오면서 할리우드 스튜디오들은 대규모로 체인망을 구축하여 자신의 영화를 배타적이면서도 독점적으로 상영하기 시작한다. 이렇게 독점적으로 상영하는 것이 흥행에 있어 더 유리했던 것이고 경제성으로 보나 사업성에 있어도 수익성 확대가 가능했다.

영화산업에서 말하는 배급은 이렇듯 하드웨어 우위성과 유통이 지닌 특수성으로 인해 독점적 형태의 유통이 될 수밖에 없다. 산업의 주체가 나누어주는 이러한 방식으로 인해 영화에서는 '유통'이 아닌 '배급'으로 불리게 된 것이다.

3. 한국영화의 배급

배급의 관점에서 한국영화사를 규명하기 힘든 부분이 많다. 초창기 한국영화의 제작과 유통에 대한 연구도 아직 부족하고 자료들이 유실되어 영영 알 수 없는 공백 또한 존재하기 때문이다. 다른 한편으로 본격적인 의미의 산업화, 합리화가 이루어진 1990년 중반 이전까지의 한국 영화산업의 흐름은 외부로부터 강제된 여러 규제와 제한으로 인해 변칙적인 모습을 띠기도 하였다.[1]

1) '비상설관'시대에서 1990년대까지

1910년 이전까지는 이른바 비상설관시대라고 할 수 있다. 건물 일부를 개조하거나, 창고, 마당, 개인주택 등을 상영관으로 이용하였는데, 신문(新門, 서대문) 내 야주현 봉상시 건물 일부를 개조한 황실극장 협률사, 한성전기회사의 전차차고 겸 발전소 부지에 설치된 동대문 내 전기회사 활동사진소, 중부 파조교 앞 창덕궁 입구에 세운 2층 목조건물의 단성사, 사동의 개인주택을 개조한 연흥사, 중부 교동에 세워진 장안사, 협률

---

1) 영화인회의, 『한국영화 배급시스템 연구』(2003) 참조.

사의 후신인 운각사, 그리고 신문 밖 신교(서대문 밖 신석교) 동편 법인 마전의 벽돌집, 신교 북편 양옥, 신교 서편 전차 정거장 건너편 양옥에 마련된 활동사진소 등이 있었다.[2)]

본격적으로 상설관시대로 접어든 것은 1910년대부터다. 경성고등연예관을 시작으로 대정관, 황금관이 문을 연다. 당시만 하더라도 주로 일본인들을 위한 극장이었다. 1912년 12월에 우미관이 설립된다. 우미관은 조선인을 상대로 한 본격적인 영화 상설관이라는 점에서 의미를 지닌다. 우미관은 황금관에서 상영된 필름을 받아 상영하였다. 당시 우미관이 조선인 관객을 독점하고 있었다.[3)]

1918년 비상설관이었던 단성사가 개축공사에 착수하여 새롭게 개관하였고, 1922년 조선극장이 설립되면서 흥행은 우미관과 더불어 3파전으로 돌입하게 된다. 당시 배급은 제조업자(프로덕션)와 소매업자(극장)로 이루어진 소규모 형태의 '초기 전통시장 단계'에 머물렀다. 국내 영화 제작이 아직 이루어지지 않은 터라 100% 외국영화에 의존하던 시대였다. 상영 영화들은 주로 미국영화와 일본영화였는데, 배급도 외국인들이 개인적인 루트로 통해 구해온 것들이나 경성고등연예관, 황금관, 대정관과 같은 일본인 상대 극장에서 상영한 후에 넘겨받은 영

---

2) 여선정, 「무성영화시대 식민도시 서울의 영화관람성 연구」(1999), 중앙대학교 대학원 영화학과 석사학위 논문 참조.
3) 정재왈, 「한국영화 등장이전의 영화상영에 관한 연구: 매일신보의 영화광고를 중심으로」(1996), 고려대학교 언론대학원 석사학위 논문 참조.

화들이었다.

1919년 한국 최초의 영
화로 인정받는 〈의리적 구
토〉가 제작되었고, 이어
1923년 〈춘향전〉이 공전
의 히트를 치게 된다. 〈춘
향전〉의 흥행으로 본격적

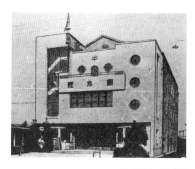

초창기의 단성사

인 영화 제작의 시대가 열리게 된다. 연이어 〈장화홍련전〉까지 성
공을 거두게 되면서 이를 기반으로 삼아 당시 최고의 히트작이라 할
수 있는 1926년 〈아리랑〉이 탄생하게 된다. 1935년 최초의 발성영
화 〈춘향전〉이 나올 때까지 무성영화의 전성기를 맞게 된다. 영화
관의 수는 꾸준히 늘어나 1940년 74개까지 증가한다. 전국 관람객
수도 비약적으로 늘어나기 시작한다.

영화 시장의 확대로 인해 배급이 모습을 갖추기 시작한 것도
이때라고 할 수 있다. 수익의 대부분이 외국영화에서 나오다
보니 외국영화 배급을 중심으로 하여 그 형태가 갖추어졌으리
라 추측된다. 당시 외국영화 수입사로는 알렌상회, 모리스상
회, 테일러상회, 기신양행, 덕영상회, 동양영화주식회사 등이
있었다.[4] 이들 회사들은 주로 동경에 지사를 둔 외국영화사들
과 공급 계약을 맺었으며, 더 나아가 직배대리점을 경성에 설
립하기도 하였다. 일본영화의 경우에는 일본에서 직접 가져오

---

4) 영화인회의, 『한국영화 배급시스템 연구』(2003), 17쪽.

다가 나중에는 경성에 설립된 일본배급사 지부를 통해 받았다.

당시 경성은 직접배급 형식으로 영화를 공급받거나, 극장이 직접배급을 하였다. 지방의 배급은 일명 흥행사라는 사람들이 전국을 떠돌면서 영화관을 섭외하는 방식으로 이루어졌다.

하지만 제한적이긴 했지만 영화산업이 자유경쟁체계에서 자유롭게 성장할 수 있었던 분위기는 여기까지였다. 1937년 중일전쟁이 일어나고 1941년 일제가 태평양전쟁을 일으키면서 빠르게 전시체제로 돌입한다. 결국 1940년에 조선총독부에 의해 '조선영화령'이 공포된다. 모든 영화를 일본에서 통제하겠다는 취지였다. 그 속내는 일본영화를 장려하고 미국영화를 통제하겠다는 것이다.

우리나라에서 영화는 그 출발부터 정치적 규제에서 자유롭지 못했다. 통제와 관리 속에서 커가야 하는 세월을 너무나 오랫동안 거쳐야만 했다. 이로 인해 배급 또한 제대로 성장할 수 있는 기회가 주어지지 않았다. 식민지시기에 일본에 의해 만들어진 '조선영화령'을 시작으로 해방 직후 남한의 영화정책은 미군정청에 의해 주도된다. 미군정청이 주도한 영화정책의 골자는 미국영화의 유입을 지원하고 상영 공간을 확보하는 한편, 좌익계 영화를 차단하는 것이었다.

1950년에 발발한 한국전쟁은 한국 영화산업에 있어서도 치명적이었다. 일본과 미국의 종속된 관계 속에서도 명맥만은 유지할 수 있었는데 그마저도 힘든 상태가 되면서 존망을 걱정할 처지에 놓인다.

하지만 그것은 기우였다. 1951년 가을부터 외국영화들이 수입되기 시작한다. 전쟁의 참화를 잊게 해줄 유일한 오락거리로 영화가 급부상하면서 관객들이 몰리기 시작한다. 이러한 영화의 인기로 말미암아 시장은 다시 활기를 되찾는다.

당시는 아무도 통제하지 않는 환경이다 보니 자연스럽게 수입과 배급이 분리되는 경향이 생겨나기 시작한다. 이런 자유로운 분위기는 1950년대 후반까지 한동안 이어졌지만, 안타깝게도 오래 지속되지는 못한다. 일제, 미군 그리고 전쟁 등 외부 요인에 의해 영향을 받던 영화가 이번에는 내부적 요인, 즉 정부에 의해 규제를 받게 된다. 최초의 영화법이 쿠데타로 정권을 잡은 박정희 정권에 의해 제정되어 영화에 대한 본격적인 정치적 개입이 시작된다. 이 영화법은 1984년까지 이어진다. 이 기간 동안 영화 배급의 구조는 소수의 허가받은 제작사 및 수입사에 의한 공급 독점의 심화, 권역별로 독점화된 지방배급, 개봉관에서 재개봉관, 삼본관, 사본관까지 이어지는 위계구조의 고착화로 요약된다. 이 시기 지방배급업자들은 안정적으로 영화를 수급하고 독점적인 지방배급권을 누리기 위해 영화가 제작되기 전 입도선매를 한다. 그 선매대금이 영화 제작비로 사용되었다.

이 시기에 형성된 권역별 배급구조는 한국 영화산업의 가장 큰 특징이라 할 수 있다. 서울은 직접배급 지역이었고 나머지는 모두 지방배급사를 통한 간접배급으로 이루어졌는데, 공급을 독점한 제작사/수입사가 6개 권역별 배급사를 통해 간접적으로 배급을 하는 형태가 고착화된다. 6개 권역이란, 개봉관을 제외한 서울 전역, 경강(경기도+강원도), 충청, 호남, 경북, 경남이다.

영화법은 결과적으로 보면 실패한 정책이었다. 영화사를 대형화시키려는 정책은 오히려 영세 제작사들을 죽였고 영화 제작의 진입 장벽을 높이고 말았으며, 한국영화 제작 성과에 따라 외국영화 수입쿼터를 부여하다 보니 영화제작이 오히려 부수적으로 전락하고 만다. 결국 한국영화 보호주의 정책에도 불구하고 한국영화의 시장 점유율은 점점 줄어들고 있었다.

어둠 속에 갇혀 있던 한국 영화산업이 다시 빛을 보기 시작한 것은 1980년대 중반부터다. 1984년 12월 31일 발효된 제5차 개정 영화법의 주요 골자는 영화를 자유경쟁 시스템으로 돌려놓겠다는 것이다. 제작과 수입을 하나로 묶어 기존 20개 영화사로 제한하는 기존의 제도를 영화제작사와 수입사를 분리시켰으며,[5] 영화사 등록을 허가제에서 등록제로 바꾸어 누구나 영화사를 만들 수 있게 하였다. 이는 한국영화에 새로운 활기를 불어 넣는 계기가 된다. 이런 자유화 조치는 영화의 창의성과 합리성을 존중하는 풍토와 이를 뒷받침하는 새로운 세대의 등장을 유발시킨다.

배급구조에도 변화가 생긴다. 공급 물량의 급증으로 인해 소극장 설립 붐이 일어나면서 변두리 동네에도 극장이 생기기 시

---

5) 그전까지는 외국영화를 수입하려면 한국영화를 제작해야 했다.

작한다. 또한 재개봉관들의 개봉관화뿐만 아니라 기존 단일 상
영관들이 상영관 수를 늘려 일명 복합상영관으로 변모하기 시
작한다.

2) 산업화가 이루어진 1990년대 이후

1990년대 중반까지만 해도 국내 영화 배급구조는 과거부터
이어져온 모습에서 그리 변한 것은 없었다. 1984년 12월 31일
제5차 개정 영화법으로 인해 큰 변화가 일어났지만, 배급은 예
전 상태 그대로 굳어져 있다 보니 그 구조를 바꿀 엄두조차 내
지 못하고 있었다.

직접배급 지역은 서울과 부산뿐이고 나머지 지역은 예전 모
습 그대로 지방배급사들에 의해 단매(간접배급)로 진행되고 있었다. 그럴 수밖에 없었던 것이 여전히 '입도선매'를 통해 거의 대부분의 영화 제작비(또는 외화 수입비용)가 지방배급사들을 통해 조달되었기 때문이다. 제작비를 조달해주고 극장에 영화를 상영하게 해준다는 차원에서 보면 지금의 투자배급사 역할을 당시에는 지방배급사가 했던 것

전국 동시 개봉한 첫 번째 영화인 〈태극권〉(1993). 당시는 대도시에서 먼저 개봉한 후 지방 및 재개봉관으로 넘어가는 시스템이었다.

이다. 이런 구조이다 보니 지방배급사들이 여전히 자기 지역에서만큼은 확실한 독점적 지위를 유지할 수 있었다. 영화 제작사들은 입도선매를 통해 받은 돈으로 영화를 제작하였고 그렇게 제작한 영화에 대하여 마케팅 업무에서부터 배급까지 모두 담당하였다. 배급 업무의 경우 제작사 사장이 직접 챙겼다. 이런 모습은 지금의 영화제작사와는 사뭇 다른 모습이다.

할리우드 직배사의 한국 시장 연착륙

그러던 어느 날 국내 흥행판을 뒤흔드는 사건이 발생한다. 할리우드 배급사들이 한국에 회사를 차려 직접배급에 나선 것이다. 1988년 한국영화계의 거센 반발에도 불구하고 UIP[6]가 〈위험한 정사〉를 시작으로 국내에 상륙한다. 이후 같은 해에 20세기폭스, 89년에 워너브라더스, 90년에 콜롬비아 트라이스타, 93년에 디즈니까지 모든 직배사가 연착륙에 성공한다.

이들로 인해 국내 흥행판에 지각변동이 일어난다. 과거에는 서울의 중심 극장이 전국 라인을 만들어 놓고 제작사나 수입사로부터 영화를 받아 배급을 해 주었다면 이제는 이들 직배사가 직접 극장 라인을 만들어 배급하기 시작한다. 이러한 방식이 본격화한 것은 1994년 프린트 벌수 제한[7]이 폐지되면서부터

---

6) UIP: United international pictures의 약자로 유니버셜, 파라마운트, MGM이 해외 진출을 위해 만든 합작회사. 현 UPI의 전신.
7) 당시는 영화 프린트 벌수가 제한되어 있었다. 1989년 영화 당 최대 12벌에서 시작하여 매년 1벌씩 늘이다가 1994년에 제한을 완전 폐지한다.

다. UIP가 가장 먼저 극장 라인을 만들어 본격적으로 영업을 시작한다. 당시 그들이 극장들에게 보여준 것은 일 년치 상영 라인업이 적힌 A4 용지 한 장이었다. 우리에게 이런 영화들이 준비되어 있으니 우리 영화를 받고 싶으면 직접 계약을 하시죠, 라는 식이었다. 그 동안 이런 식으로 접근한 배급사가 없었으니 극장 입장에서는 어리둥절했을 것이다. 아마도 이것이 우리나라 배급을 바꾼 최초의 사건이 아닐까 한다. 이로 인해 한국 영화산업에서 처음으로 거대한 콘텐츠 파워를 가진 배급사들이 전면에 등장하게 된다.

1990년 〈사랑과 영혼〉이 서울극장에서 상영된다. 이전까지 소심하게 서울 변두리극장, 즉 재개봉관이나 삼본관을 중심으로 개봉되었던 직배영화가 메인극장으로 진출한 첫 사건이다. 이 사건으로 인해 직배사에 대한 논란은 종식되고 할리우드 직배영화를 공식적으로 받아들이게 된다.

대기업의 영상사업 진출과 IMF 외환위기

우리나라 대기업의 영화산업 진출은 가전제품인 VCR의 발전에서 비롯되었다. 삼성, 대우, LG 등의 가전 3사는 비디오플레이어 하드웨어 사업 확대를 모색하던 중이었다. 하드웨어의 발달은 소프트웨어가 받쳐줘야 가능하다. 이들은 비디오 프로그램 확보 차원에서 영화산업에 진출하게 된다.

1995년 이후 이들의 투자 방식이 그동안의 부분투자에서 전액투자로 바뀌어 감에 따라 영화 투자 플레이어가 극장(지방배급업자 포함)에서 대기업으로 교체되는 전환점을 맞는다. 이에 투자에 따른 위험을 극복하는 차원에서 대기업들이 속속 배급 사업 진출을 선언하고 나선다. 이것이 국내 투자배급사의 첫 등장이다. 이들은 이미 활동을 시작한 할리우드 직배사들과 더불어 직배 영역을 확장시켜 나간다. 하지만 1990년대 말에 불어 닥친 IMF 외환위기로 인해 구조조정 대상이 되어 이 판에서 퇴장하고 만다.

이와 유사한 시기 충무로 자금으로 세워진 첫 번째 투자배급사가 1997년 등장한다. 강우석 감독의 '시네마 서비스'가 그것이다. 할리우드 직배사와 대기업의 투자배급 등에 위협을 느낀 충무로가 전근대적인 투자 방식을 탈피하고 본격적으로 투자배급에 나선 첫 케이스라 하겠다. 서울극장 라인[8]과 제휴를 맺음으로써 자금을 확보하여 영화 제작에 대한 투자를 시작한다. 그 첫 영화가 이창동 감독의 〈초록물고기〉(1997)이다. 이후 본격적으로 사업을 확장시켜 나가 1999년 투자배급사로서 당시 최고의 위치에 오르게 된다.

멀티플렉스 시대의 개막

삼성, 대우 등이 IMF 외환위기 여파로 철수하고 난 자리에 CJ, 롯데, 동양그룹 등 새로운 대기업 플레이어가 들어온다. 이들은 성급하게 영화제작에 뛰어들기보다는 극장이라는 안정적

---

8) 당시 서울극장 라인과 피카디리 라인이 전국의 극장을 양분하고 있었다.

인 수익원을 바탕으로 역수직적 계열화의 가능성을 타진하면서 영화산업에 진출한다. 이들은 시장의 확대를 우선 과제로 정하고 초반에는 소프트웨어보다는 하드웨어에 치중했는데, CJ는 CGV를, 롯데는 롯데시네마, 동양그룹은 메가박스로 시작한다.

1998년 CGV 강변점이 CGV 체인 1호점으로 오픈한다. 이어 롯데가 롯데시네마 일산점을 오픈하였고, 2000년에 동양이 메가박스 코엑스점을 오픈한다. 이로써 국내 멀티플렉스 시대가 본격화되고 이후 이들은 투자배급업에 진출하여 CJ, 롯데, 쇼박스가 탄생한다.

배급사들의 춘추전국시대에서 4강시대로

2000년대는 김대중 정부의 문화산업 지원 정책으로 인해 본격적으로 금융자본이 투자조합을 만들어 영화 사업에 투자하기 시작한 시기이다. 일신창투, KM컬쳐, 미래에셋, KTB네트워크, 무한기술투자, 드림벤처캐피탈, MVP, 로커스 홀딩스 등이 본격적으로 영화에 투자하기 시작했고, 각종 펀드들이 영화에 유입되면서 영화 제작이 활발히 진행된다. 전통적인 충무로 배급사들이 이런 자본들과 결합하면서 배급사들이 우후죽순 생긴다. 코리아픽쳐스, 튜브엔터테인먼트, 씨네월드, 청어람, SKC, 신도, 패스21, 삼부파이낸스, 한맥, 동아수출공사, 베어엔터테인먼트, 필름뱅크, IM, AFDF, 시나브로, 굿타임, 감자, 미디어필름, 백두대간 등이 설립되어 배급사 춘추전국 시대로 접어든다.

당시는 배급사간 경쟁은 치열했지만 배급사가 많은 만큼 극장 독점은 불가능하던 시대다. 장기 상영이 보장되었던 터라, 굳이 극장을 독점할 필요도 없었다. 영화의 흥행은 상영기간에 비례해서 이루어졌다. 즉 극장에 오래 걸려 있으면 흥행이고 그렇지 못하면 흥행이 안 된 영화였다.

하지만 판돈이 커지면 그만큼 위험 부담이 커지기 마련이고 그런 시장에서는 자본을 쥔 자가 최후의 승자가 될 확률도 높은 법이다. 어느새 시장 규모는 충무로의 자금을 싹싹 긁어모아도 감당할 수 없는 수준에 이르고, 결국 토착 자본으로 배팅을 이어가던 플레이어들이 하나둘 판을 떠나기 시작한다. 시장 점유율 1위였던 시네마서비스마저 배급을 접으면서 춘추전국 시대는 막을 내린다. 살아남은 배급사는 CJ와 롯데 그리고 쇼박스 세 곳뿐이었다. 대기업에 의해 영화가 만들어지고 배급되

2010년대 한국영화 흥행판을 주도한 4대 배급사들

는 시대로 접어들게 된다. 대기업들에 의한 멀티플렉스 극장의 확대로 인해 흔들리지 않을 것만 같았던 기존의 전통적 극장 라인들이 사라진 것도 바로 이때다.

2010년대 들어서서야 겨우 새로운 플레이어가 등장한다. 이 새로운 플레이어는 신선함도 주었지만 대기업 계열사가 아니라는 이유로 우려의 시선도 받아야 했다. 이 배급사가 바로 'NEW'다. NEW에 대한 우려는 2013년에 말끔히 씻어져 버린다. 〈7번방의 선물〉과 〈변호인〉으로 홀로 쌍천만 흥행을 일구게 되면서 흥행판이 3강 구도에서 4강 구도로 재편된다.

영화사업 수직계열화와 스크린 독과점 문제

제작과 배급, 상영까지 수직계열화 된 국내 영화산업 구조로 인해 시장 독과점 문제가 수면 위로 떠오른다. 기업이 위험 요소를 제거하고 시장 지배력을 확대하기 위해 수직적 통합을 추구하는 것은 자본주의의 속성 중 하나로 인정할 수 있다. 문제는 수직계열화로 인해 타 기업에 불이익을 끼칠 가능성이 커진다는 점이다. 그래서 국가마다 이러한 폐해를 미연에 방지하기 위해 독과점법을 제정하여 수직계열화에 의한 과도한 시장 지배나 반시장적인 행위를 규제하고 있다.

현재 국내 영화산업에서 대기업의 수직계열화로 인한 스크린 독과점 문제는 매우 위험한 수위에 도달해 있다. 그들은 영화산업의 피라미드 구조에서 최상층인 시장지배적 지위를 가지고 있기 때문에 문제는 더욱 심각하다. 현재 우리나라 극장은 3개밖에 없다고 해도 과언이 아니다. CGV, 롯데, 메가박스. 이들은 모두 배급사를 소유하고 있으며 극장 매출이 자사 배급사 매출보다 월등히 높다. 그렇다 보니 이들 극장은 시장에서 무소불위의 권력자들이다. 공정거래위원회와 국회, 정부가 나서 여러 가지 해결책을 찾아보고 있지만 이해관계가 첨예하게 대립되다 보니 쉽게 풀리지 않고 있는 실정이다. 다양한 영화를 볼 권리를 누려야 할 국민들을 위해서라도 이 문제는 반드시 해결되어야 할 것으로 보인다.

신규 배급사들의 등장

최근(2019년 현재) 메리크리스마스, 에이스메이커무비웍스, 셀트리온엔터테인먼트, 스튜디오N 등 신규 배급사들이 잇따라 시장에 진출하고 있다. 이들 배급사들의 등장은 환영

할 일이지만 이미 시장을 선점하고 있는 5대 배급사(CJ, 롯데, 쇼박스, NEW, 메가박스)의 틈바구니 속에서 얼마나 좋은 콘텐츠를 확보할 수 있는지가 관건으로 보이는데, 문제는 좋은 콘텐츠를 만들어낼 제작사가 그리 많지 않다는 것이다. 그동안 대기업들의 시장지배 구조로 인해 제작사들의 성장 기회가 막혀 프로덕션이 제대

2006년 쇼박스가 배급한 〈괴물〉과 함께 스크린 독과점 문제가 처음으로 제기되었다.

로 성장을 하지 못하고 있었으니 이것을 어떻게 헤쳐 나갈지에 승패가 달려 있다고 보인다.

2장 영화 흥행과 관객

1. 관객이 흥행을 좌우한다!

'누구나 다 봐야 하는(must-see)' 영화. 상업영화를 하는 사람이라면 누구나 한번쯤 이런 영화를 만들고픈 꿈을 꾸었을 것이다. 그런데 누구나 다 봐야 할 영화를 만들었다고 해도 관객이 봐주지 않는다면 그것만큼 참담한 일은 없다. 흥행은 될지 안 될지 알 수 없는 불확실성을 지니고 있다. 우리 식으로 말하면 '까봐야' 알 수 있는 것이다. 흥행은 귀신도 모른다고 까보지 않고서는 알 수 없는 것이다.

초기 전통시장 단계나 프로덕션 우위 단계에서는 프로덕션이나 배급사에 의해 흥행이 좌우되기도 했다. 수요를 따라가지 못하는 공급 상황으로 인해 유통의 주체가 시장을 인위적으로 움직이기도 하고, 그들이 쏟아 부은 엄청난 광고와 마케팅으로 흥행이 만들어지기도 하였다. 하지만 극장들이 연합하여 프로덕션(배급사) 세력과 균형을 이루는 단계에 이르면 상황은 완전히 달라진다. 극장이 체인화 되면서 오히려 극장들끼리의 경쟁이 심화되고, 이를 타개하기 위해 극장들이 관객 유치에 적극적으로 나서면서 관객들과 상호작용을 하기 시작한다. 이러한 상황이 되면 극장에게 최우선은 관객이라는 공식이 한층 더 명확해진다. 관객이 흥행을 좌우하는 시장에서는 관객의 눈높이에 맞는 우수한 상품을 내놓아야지만 주목을 받을 수 있고 흥행 가능성도 높아진다. 결국 영화사들이 하는 모든 일들의 가장 큰 목표이자 대상은 관객이 된다.

흥행을 이루려면 관객이 많아야 한다. 그러면 흥행의 관점에서 관객이란 과연 어떤 존재이며, 어떤 모습을 하고 있을까? 관점에 따라 조금씩 다를 수 있지만 흥행판에서는 다음과 같이 관객을 정의한다.

개인이 아닌 집단으로서의 관객

영화 관람이란 극장이라는 폐쇄된 공간에서 대중문화와 개인주의가 결합되는 행위로서 근본적으로는 개개인의 결단에 의해 이루어지는 지극히 사적인 행위라고 할 수 있다. 하지만 흥행판에서 관객을 이러한 관점에서만 본다면 아마도 평생을 연구해도 원하는 답을 얻지 못할 것이다.

영화는 초기 제작 단계에서부터 특정한 소구대상(target)을 정한다. 기획영화의 경우, 더 확실하게 소구대상에 맞추어 제작된다. 소구대상이 되는 관객은 집단적 성격을 지닌 특정한 개인들로서 존재한다. 흥행도 마찬가지로 영화가 영화관에 개봉되어 집단으로서 관객과 만나는 단계를 의미한다. 그래서 관객은 '관객들'이라는 복수가 아닌 하나의 묶음으로서 단수로 호명된다.

> "영화 구경의 역사는 개별 관객과 필름 사이의 단순한 결합으로 설명될 수 없다. 영화 관객은 반드시 군중 속에 있기 때문이다."—바네사 R. 슈와르츠(『구경꾼의 탄생: 세기말 파리, 시각문화의 폭발』중에서)

관객은 틀린 게 아니고 다르다

만약 당신의 영화가 흥행에 실패하였다고 해서 흥행의 실패 원인을 관객의 판단이 틀렸기 때문이라고 말할 수 있을까?

흥행의 실패 이유를 조목조목 따지고 들어가면 정말 수백 가지 원인이 나온다. 그런데 그 원인을 모두 파악했다고 해서 다음 영화를 만들 때 그 수백 가지 원인을 다 커버한 영화를 만들어 낼 수 있을까? 그렇다면 당신은 곧 영화 갑부의 대열에 서게될 것이다. 하지만 이것은 불가능한 일이다. 사실 현재 영화 갑부의 대열에 서 있는 사람들도 그렇게 해서 영화를 흥행시킨 것도 아니다.

'관객은 틀리지 않고 다만 다르다'는 명제를 받아들이고 나서 흥행 실패의 원인을 찾는다면 가장 먼저 되짚어 봐야 하는 것이 개봉일이다. 흥행에 있어 개봉일은 매우 중요한 비중을 차지하기 때문에 심사숙고하여 정해야 한다. 내 영화가 개봉되는 그 시기에 기획 단계에서 선택한 소구대상이 얼마나 존재하는 가를 파악해 볼 필요가 있다. 개봉 당시 극장에 가족 관객이 많 았다면 청소년관람불가 영화는 흥행되기 어려웠을 것이다. 이 경우는 분명 관객이 틀린 것이 아니고 달랐던 것이다.

관객은 영화마다 다르게 나타나기도 하지만 이번 주 관객과 다음 주 관객이 다를 수도 있다. 수능이 끝나는 주에는 수능 시 험을 치른 학생들이 많겠지만, 그다음 주에는 당연히 관객층이 달라진다. 시즌별로도 관객이 다르다. 그리고 해마다 관객이 다르게 나타난다. 어제의 십대가 오늘은 이십대가 되어 있는 게 흥행판의 관객이다. 내 영화를 보러 올 관객이 확률적으로 가장 많을 때 개봉시키는 것이 흥행에 있어 중요한 요소이기에 그래서 개봉일이 중요하다.

관객은 정해져 있다

우리나라 흥행판에서는 1년에 약 800편 정도의 영화가 개봉 되고 있다. 1년 365일을 개봉 단위인 주(週)로 나누면 52주(어 떤 해는 53주)가 나온다. 이 800여 편을 52주로 나누면 평균적 으로 한 주에 약 15편 꼴로 개봉되고 있다. 개봉 편수는 매년 증가하고 있는 추세다. 그렇다면 개봉 편수 증가에 따라 관객 도 비례해서 증가하고 있을까?

전혀 그렇지 않다. 최근 통계로 보면 연간 전체 관객수는 약 2억 1700만 명 정도를 한계선으로 볼 수 있을 것 같다. 조만간

최근 5년간 관객 통계

년도	2014년	2015년	2016년	2017년	2018년
관객수	2억 1507만	2억 1730만	2억 1703만	2억 1988만	2억 1639만

출처: kobis자료(영화진흥위원회 영화관입장권통합전산망)

관객이 대폭 증가하거나 대폭 감소하는 일은 없을 것이다. 다만 관객이 무한정 존재하지 않는다는 것은 확실하다.

2. 관객의 성향 분석

1) 흥행은 산봉우리를 만든다

영화가 개봉되면 일일관객수는 다음과 같은 그래프 모양을 한다. 개봉되는 모든 영화가 그런 것은 아니지만 대부분의 상업영화들은 이와 유사한 곡선을 그린다. 흥행 상황에 따라 봉우리의 높이가 다르고 주중과 주말 비율이 다를 뿐 주말을 기점으로 매번 봉우리를 만들면서 진행된다. 이 그래프를 통해 관객의 영화 관람 패턴을 판단할 수 있다. 관객은 첫 주말에 집중되고 있으며 주중으로 넘어가면 줄어들고 다시 돌아오는 주말에 몰리는 모습을 반복하면서 흥행을 이어간다. 그래프는 2015년 3월 15일 개봉된 영화 〈스물〉의 일일관객수 그래프이다.

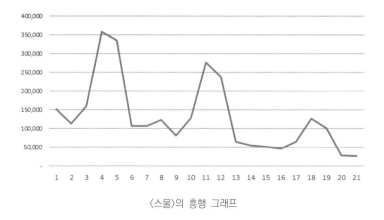

〈스물〉의 흥행 그래프

2) 잠재적 관객

영화의 흥행은 제각기 다르다. 어떤 영화는 50만을 하고, 어떤 영화는 500만을 한다. 흥행이 다르다는 것은 이처럼 최종관객수가 다르게 나온다는 뜻이다. 최종관객수가 다른 가장 큰 이유는 영화가 지닌 흥행성의 차이로 인한다. 흥행성은 반드시 흥행 결과만으로 판단되는 것은 아니다. 흥행 경험과 노하우 그리고 각종 데이터 등을 통해 사전 판단이 가능하다. 이렇게 흥행성에 대한 사전 판단이 가능하기 때문에 개봉 전에 어느 정도 관객이 들지 예상할 수 있다. 각기 다른 흥행성을 지닌 영화에 대하여 개봉 전에 잠재적 관객을 파악하는 것을 '잠재적 관객 파악'이라고 부른다.

영화마다 잠재적 관객이 다름으로 인해 흥행은 제각기 다르게 나타난다. 잠재적 관객에 대한 판단은 영화의 장르, 배우, 감독, 개봉 시기, 배급사, 배급 전략 등의 소스들을 토대로 자신이 가진 흥행 경험과 노하우를 통해 분석할 수 있다. 이렇게 파악된 잠재적 관객은 실제 결과로 나온 최종관객수와 다를 수 있다. 그럼에도 이 잠재적 관객을 잘 파악해야(최종관객수와 차이가 적어야) 배급을 잘할 수 있다. 자기 물건의 가치를 잘 알아야 장사를 잘할 수 있는 것과 일맥상통한다. 개봉에 앞서 영화가 지닌 잠재적 관객을 파악하는 것은 흥행과 관련해서 매우 중요한 일이다. 이렇게 파악된 잠재적 관객을 기준으로 배급 시기, 배급 사이즈, 배급 전략 등을 수립하게 된다.

3) 단계별 관객

흥행판에서는 일반적으로 영화를 생물(生物)이라고 한다. 이 생물은 개봉과 동시에 탄생하지만, 이후 관객과 어떻게 교감하는가에 따라 수명이 결정된다. 영화마다 서로 다른 관객들로 인해 관객과의 교감도 이 모양 저 모양 다양한 모습을 하게 된다. 이렇듯 다양한 관객들을 분석하여 공통분모를 뽑아낸 후 집단화시킨 다음 단계별로 분석해 보면 다음과 같은 모양을 하고 있다.

① 초기 관객: 개봉 초기에 영화를 보는 관객들은 '위험을 감수한 소중한 관객'이다. 이들은 리스크를 감수하고 영화를 보는 관객이기 때문이다.

아무리 호기심이 많다고 해도 매번 초기에 영화를 관람하는 사람들은 다른 사람을 뒤쫓아 영화를 선택하는 사람들에 비해 상대적으로 더 큰 위험을 감수해야 한다. 어떻게 보면 위험을

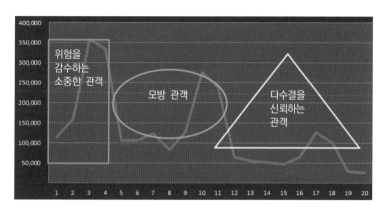

흥행 단계별 관객의 성향

꺼려하지 않는 관객이라고 할 수도 있지만, 이들은 이 위험을 줄이기 위해 자체적으로 미디어나 뉴스에서 얻은 정보를 공유하려는 경향이 강하게 나타나고 있다.

이들은 영화사가 던지는 마케팅에 의해 움직이기도 하지만 최근에는 이러한 경향이 현격히 줄고 있는 추세다. 영화를 보고 나서도 자신의 감상과 평가를 공유하려는 경향 또한 강하게 나타나고 있다. 커뮤니티 등을 통해 서로의 의견을 나누고 결국에는 이 단계에서 영화를 띄워주는 역할을 담당하기도 한다. 반면 실망을 줄 경우에는 가차 없이 있는 그대로 바로 표출해 버린다. 그래서 이 초기 관객을 '소중하면서도 위험한 관객'이라고도 부른다. 일반적으로 개봉 첫 주말에 움직이는 관객들의 모습이다.

② 2차 관객: 이들은 조심스럽게 '위험을 감수한 소중한 관객'을 뒤쫓아 영화를 선택하는 관객으로 2차 관객이자 '모방 관

객'이다. 2차 관객은 초기 관객의 행동, 즉 개봉 첫 주 박스오피스의 숫자, 흥행 순위 등에 근거해 볼 영화를 선택한다. 때에 따라서는 위험을 감수하는 소중한 관객으로 이동하기도 하지만, 영화에 대해 확신이 없을 때는 보통 모방 관객으로 자리한다. 최근에는 SNS의 발달로 인해 일찌감치 극장 관람을 포기하고 VOD, OTT 등으로 움직이는 경향도 나타나고 있다. 이런 모방 관객들이 영화를 볼 수 있는 플랫폼이 다양해지고 있기 때문이다. 이런 이유로 모방 관객들이 점점 줄어들다 보니 흥행판에서는 장기상영으로 흥행을 이어가는 것이 점점 더 어려워지고 있다. 일반적으로 1주차 이후부터 2주차 주말까지 이런 관객의 모양이 나타난다.

③ 3차 관객: '다수결을 신뢰하는 관객'이다. 이들은 다수가 선택한 것을 신뢰하며 그에 따르는 관객이다. 이들은 이 방법으로 영화를 선택하고 있으며 그렇게 선택한 것만으로도 충분히 행복해 한다. 그래서 영화가 흥행궤도에 진입하게 되면 마치 개미가 무리를 따르듯 좌우로 흔들리지 않고 안전한 모습을 취하게 된다. 이들 관객은 한계선 이상의 관객 선택을 받은 영화로 주로 움직이게 되는데 흥행이 그 한계선을 넘지 못할 경우 3차 관객으로 이어질 가능성은 희박해진다. '위험을 감수하는 소중한 관객'에 의해 초기 관객이 형성되고 이 초기 관객의 움직임을 조심스럽게 관찰한 '모방 관객'이 중간을 받쳐주고 나면 비로소 다수가 선택한 것을 선택하는 관객이 움직이게 된다. 이것이 일반적으로 이야기하는 '입소문'이다. 입소문이 퍼

마블 시네마틱 유니버스의 주인공들

흥행을 위한 리스크 헤지

가게를 차려놓고 무작정 기다린다고 해서 저절로 손님이 찾아오지는 않는다. 치밀하게 고객을 유인할 방법을 궁리하지 않으면 안 된다. 영화도 이런 차원으로 관객 유치를 위해 최대한 위험 요소를 제거하고 있다.

흥행판에서는 첫 주말 흥행 성적이 점점 더 중요해지다 보니 초반 관객 모양을 책임지는 초기 관객, 즉 '위험을 감수하는 소중한 관객'으로 하여금 자기 영화를 보게끔 유인하기 위해 기획 단계에서부터 다양한 시도를 한다. 경쟁영화보다 흥행성이 높은 배우나 신뢰도가 높은 감독을 선택하고, 상대적으로 높은 제작비를 쓰고, 대중이 좋아하는 인기 장르를 선택함으로써 초기 관객들로부터 우선적으로 선택을 받으려고 한다. 이런 사정으로 인해 영화 제작비는 하늘 높은 줄 모르고 상승 중에 있다.

한편 할리우드에서는 최근 '프랜차이즈 전략'을 적극적으로 활용하고 있다. 프랜차이즈 영화들은 관객들이 상대적으로 훨씬 더 많은 정보를 알고 있기 때문에 그만큼 리스크 헤지가 된 상태라고 할 수 있다. 이 프랜차이즈 전략은 유니버스로 발전하고 있는데, 유니버스(Universe: 영화 세계관의 집합), 즉 공유되는 세계관으로 일련의 시리즈를 만들어나가는 방식으로 마블 시네마틱 유니버스(MCU: Marvel Cinematic Universe)가 대표적이다.

지게 되면 박스오피스 성적표 같은 통계적으로 제시되는 양적 정보의 위력은 오히려 깨지고 만다. 이 단계에 이르면 영화의 규모, 주연급의 스타성, 상영관 수(상영회수 포함) 등에 의한 흥행성은 약해지면서 이후 흥행은 관객들이 만들어간다.

입소문도 다수에 의해 퍼져야 비로소 효력을 발생하게 되는데, 아무리 좋은 영화도 다수결의 요건이 충족되지 않으면 3차 관객은 존재하지 않게 된다. 이 3차 관객은 다수결이 우선되어야 하기 때문이다. 이렇듯 다수결을 신뢰하는 관객이 만들어가는 흥행으로 인해 가장 뛰어난 영화가 반드시 흥행하는 것은 아닌 이유이다.

관객의 확산 순서를 정리해 보면, '위험을 감수하는 소중한 관객' → '모방 관객' → '다수결을 신뢰하는 관객' 순으로 움직인다고 하겠다.

3. 개봉 후 관객 곡선이 하락하는 이유

영화는 개봉하고 나면 관객이 하락하기 시작한다. 정확히 말하면 줄어든다고 하는 것이 맞을 것이다. 이러한 현상은 엔터테인먼트가 지닌 일반적인 속성 중 하나이기도 하다. 엔터테인먼트는 소모성 행사로 인식되어 초반에는 재미, 기대치, 화제성 등으로 관객이 몰리다가 시간이 갈수록 가치가 하락하여 줄어든다. 영화도 엔터테인먼트의 이러한 속성을 그대로 지니고 있는데, 이를 영화 흥행에 대입하면, '자체 흥행성 하락', '경쟁영화 개봉에 따른 하락', '기대치 및 환경에 따른 변수' 등 크게 세 가지로 나눌 수 있다. 물론 이러한 요인들이 모든 영화에 똑같이 적용되는 것은 아니다. 역시 유사한 모습을 보이는 영화들을 모아 공통적인 것만 추려낸 다음 통계를 낸 것이다.

자체 흥행성의 하락

거의 모든 영화에서 나타나는 하락이면서 가장 일반적인 하락의 모습이다. 영화가 가진 엔터테인먼트 속성에 의해 상영기간에 반비례하여 관객이 줄어든다. 그 하락률을 통계로 내보면 주말을 기준으로 전(前) 주말 대비 약 30%의 하락률을 보인다. 이 수치는 경쟁영화 등의 변수가 없는 상태에서 보이는 순수 하락률이다. 개봉을 하여 첫 주말에 100만이 들면, 2주차 주말에 70만이 들고, 3주차에는 49만이 들어 매주 30%씩 하락하게 된다. 최근에는 매주 많은 영화들이 개봉되어 경쟁작이 없는 주가 전무하다 보니 이 하락만 가지고는 설명이 불가능해졌다. 추가적인 하락 이유들은 다음과 같다.

경쟁영화 개봉에 따른 하락

흥행에 영향을 줄만한 경쟁영화가 개봉됨에 따른 하락을 말한다. 평균적으로 전 주말 대비 15~20% 대의 하락률을 보인다. 경쟁영화가 장르를 비롯한 여러 부분에서 겹치면 이 수치는 30% 이상까지 높아지기도 한다. '경쟁영화 개봉에 따른 하락'은 '자체 흥행성의 하락'에 이어 2차적으로 작용하는 경향이 있다. 즉 영화가 개봉되어 2주차로 넘어가는데 경쟁영화가 개봉되었다면, 자체 흥행성 하락 30%에 경쟁영화 개봉에 따른 하락 15%를 더하여 총 45% 정도까지 하락하게 된다.

특히 이 경쟁영화 개봉에 따른 하락은 한국영화는 한국영화 끼리, 외국영화는 외국영화끼리 경쟁할 때 더욱 뚜렷하게 나타난다. 다음으로는 장르가 겹치는 경우인데, 최근에는 이렇게 장르적으로 겹치는 경향이 유독 심해 흥행판이 유례없이 격심해지다 보니 매번 경쟁영화 개봉에 따른 하락의 영향을 대부분의 영화가 받고 있다.

기대치 및 환경에 따른 변수

영화를 둘러싼 환경에 의한 변수를 말한다. 기대치 및 환경에 따른 변수는 영화마다 특수성이 있기 때문에 그 값이 모두 다르게 나타난다. 그래서 '변수'라는 단어를 사용하였다. 영화 기대치에 영향을 미치는 것으로는 먼저 본 관객들의 평가, 주변의 권유, 영화평 등이 있다. 환경과 관련한 변수는 시즌의 변화 그리고 갑자기 추워진다든지 하는 날씨의 변화, 사회적 이슈의 돌출, 메르스와 같은 전염병, 월드컵 등 대형 이벤트도 포함된다. 최근에는 영화의 고증 문제, '국뽕' 논란, 픽션에 대한 논란 등이 영화 흥행에 큰 영향을 주고 있다. 이 변수는 하락에만 적용되는 것은 아니다. 반대로 상승을 이끌기도 한다. 기대치가 커져 지난주보다 관객이 더 드는 경우가 그것인데, '역주행 흥행', 일명 '슬리퍼 히트'[9]라고 한다. 이런 흥행은 기대치

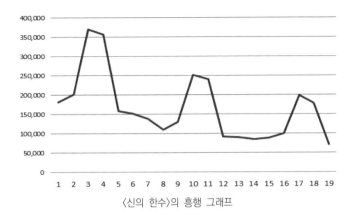

〈신의 한수〉의 흥행 그래프

및 환경에 따른 변수에 의한 상승효과가 자체 흥행성 하락과 경쟁영화 개봉에 따른 하락보다 클 때 가능해진다.

자체 흥행성 하락의 예

〈신의 한수〉는 2014년 27주차에 개봉되었다. 그래프를 보면 역시 산봉우리가 매 주말마다 불쑥 올라가 있다. 첫 번째 봉우리와 두 번째 봉우리의 차이가 적을수록 힘이 좋은 영화가 된다. 〈신의 한수〉의 첫 주말관객은 93만, 2주말관객은 62만, 3주말관객은 48만이다. 하락률을 계산하면 2주차는 1주차 대비 31%, 3주차는 2주차 대비 23%의 드롭이 발생하였다.

이 영화의 2주차 드롭 31%는 2주차에 경쟁영화가 없었던

9) Sleeper Hit: 일명 '역주행 흥행'이라고 하는데 예전 충무로 용어로 '게쓰아가리'라고도 한다. 첫주보다 2주차 또는 3주차에 관객이 더 많이 드는 영화를 말한다. 최근 〈보헤미안 랩소디 2018〉가 이런 역주행 흥행을 기록하였다.

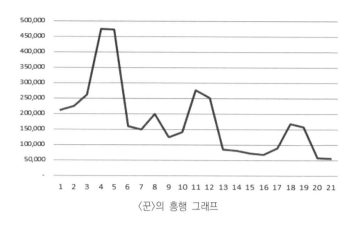

〈꾼〉의 흥행 그래프

관계로 자체 흥행성 하락만 작용한 것이다. 3주차 드롭 23%도 역시 경쟁작이 없는 상태였지만, 당시가 '여름시즌'으로 접어드는 시점이라 시장에 관객이 늘면서 '기대치 및 환경에 따른 변수'가 정방향으로 작용하여 드롭이 30%가 아닌 23%로 줄어들었다.

경쟁영화 개봉에 따른 하락의 예

〈꾼〉은 2017년 47주차에 개봉되었다. 첫 주말관객은 121만, 2주말관객 67만, 3주말관객 42만이다. 하락률을 계산하면 2주차는 1주차 대비 45%, 3주차는 2주차 대비 38%의 드롭이 발생하였다. 이 영화의 2주차 드롭 45%는 2주차에 개봉된 〈기억의 밤〉과 〈반드시 잡는다〉가 개봉되면서 경쟁영화 개봉에 따른 영향을 받게 되어 자체 흥행성 하락 30%와 경쟁영화 개봉에 따른 하락 15%가 작용하여 45% 하락한 것이다.

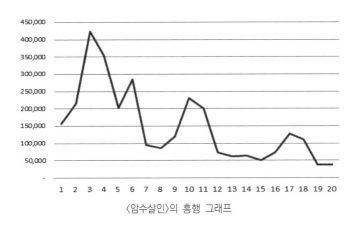

〈암수살인〉의 흥행 그래프

기대치 및 환경에 따른 변수의 예

〈암수살인〉은 2018년 40주차에 개봉되었다. 첫 주말관객은 100만, 2주말관객 55만, 3주말관객 31만이다. 하락률을 보면 2주차는 1주차 대비 45%, 3주차는 2주차 대비 44%의 드롭을 보인다. 2주차인 41주차에 〈미쓰백〉이 개봉되지만 경쟁영화 개봉에 따른 영향을 받지 않아 자체 흥행성 하락 30%에 기대치 및 환경에 따른 하락 15%가 작용하여 총 45%의 하락률을 보인다. 일단 이 영화의 기대치 및 환경에 따른 변수를 15%대로 적용시킨 상태다.(이 영화가 개봉된 10월 시장이 비수기로 접어들면서 축소된 것이 변수가 발생된 주된 원인이다.)

3주차 드롭은 44%이다. 3주차인 42주차에 〈배반의 장미〉가 개봉되지만 이 역시 영향을 주지 못한다. 따라서 2주차와 유사하게 자체 흥행성 하락 30%에 기대치 및 환경에 따른 변수

15%가 작용되어 45%에서 약간 모자란 44%의 하락을 보인다. 여전히 기대치 및 환경에 따른 변수의 영향이 15% 대 근처에 존재함을 알 수 있다. 이렇듯 기대치 및 환경에 따른 변수는 매주 유사한 범위 내에서 동일하게 나타난다는 특징이 있다.

첫 주 흥행이 가장 중요하다

다음 상단 그래프를 통해 알 수 있는 것은 영화 흥행에서 1주차의 비중이 갈수록 커지고 있다는 사실이다. 2010년에 1주차의 비중이 약 45%였던 것이 2018년에는 61%까지 오른다. 1주차의 비중은 앞으로도 계속 커질 것으로 예상된다. 반대로 2주차의 비중은 줄어드는 현상이 나타났다. 2010년에 28%를 차지하던 것이 2018년에 25%로 떨어졌다. 이런 모습은 영화가 단기성 상품으로 전락하고 있음을 보여준다고 할 수 있다.

이렇게 흥행에서 첫 주말의 중요도가 커지다 보니, 흥행을 하려면 "첫 주말에 요란하고 크게 스타트를 끊어라!"라는 말이 금과옥조처럼 통용되고 있다. 흥행의 성패가 선명하게 나뉘는 기점도 과거에는 2주말에 이루어지던 것이 지금은 첫 주말에 모두 결정되고 있는 실정이다.

이러한 모습을 통해 엔터테인먼트 또는 대중문화 상품들이 공통적으로 드러내는 단기성 성향이 흥행판에도 그대로 나타나고 있음을 알 수 있다. 금방 잊힌다는 강박관념은 관객들로 하여금 서둘러 극장에 가지 않으면 결국 못 본다는 생각을 고착화시키고 흥행판에서는 와이드 릴리즈 배급방식만 고집하게

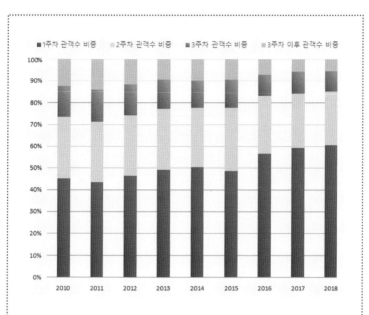

박스오피스 상위 50위권 영화들의 주별 관객 비율

2010년부터 2018년까지 박스오피스 50위권 영화들의 1주차, 2주차, 3주차 관객수의 비중을 분석한 그래프이다. 1주차는 개봉일부터 그다음 주 수요일까지, 2주차는 목요일부터 그다음 주 수요일까지, 3주차도 목요일부터 그다음 주 수요일까지로 구분하였다. 박스오피스 50위권 안에 있는 영화들 중 흥행 데이터로부터 무관하다고 판단되는 예술영화나 다큐멘터리는 제외하였다. 50위권 이하의 영화들은 상영 기간이 1주에 불과해 제외하였다.

만든다. 오늘날 관객은 엔터테인먼트로서 영화를 소비하고 재미를 추구하고 있다. 결국 다른 엔터테인먼트처럼 첫 주말 흥행이 가장 중요해지고 말았다.

4. 관객은 주 단위로 움직인다.

1년은 총 52주(또는 53주)이다. 흥행판에서는 '1년 365일'보다 '1년 52주'가 더 익숙하다. 한 해가 시작되면 1주차, 2주차, 3주차 이런 식으로 나아간다. 영화가 기본적으로 주 단위로 개봉되고 관객도 개봉에 맞춰서 움직이기 때문이다. 따라서 흥행판에서는 한 주가 기본단위가 된다.

흥행판에서 한 주는 월요일이 아닌 금요일부터 시작된다. 금요일에 시작해서 그다음 주 목요일까지가 한 주간이다. 한 주간, 즉 7일 동안의 평균 관객수는 약 390만이다. 요일별 평균치는 다음 표와 같다.

최근 5년간 요일별 관객 통계

금	토	일	월	화	수	목
519,070	970,699	895,965	329,610	307,833	448,878	427,943

(2014~2018, 주중 공휴일이 있는 경우 제외)

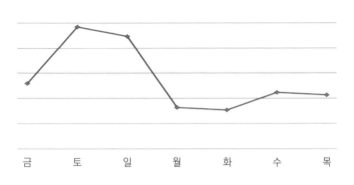

위 그래프를 보면 화요일에 관객이 가장 적고 토요일에 관객이 가장 많은 것을 알 수 있다. 토요일의 관객 비중은 한 주간 전체관객수의 4분의 1인 약 25%를 차지하고 있다.

금요일 관객수	목요일 대비 약 121%(목요일 관객수 X 121%)
토요일 관객수	금요일 대비 약 187%(금요일 관객수 X 187%)
일요일 관객수	토요일 대비 약 92%(토요일 관객수 X 92%)

지난 5년(2014~2018) 간의 주말 관객 통계에 의하면, 금요일은 목요일 대비 121%, 토요일은 금요일 대비 187%, 일요일은 토요일 대비 97%의 비율을 보인다. 개봉 첫 주 성적표를 가지고 이 평균치와 비교하여 흥행성을 분석할 수 있는데, 이 평균치보다 높으면 흥행성이 높고 반대로 낮으면 흥행성이 낮다고 평가할 수 있다.

〈마녀〉와 〈허스토리〉의 개봉 첫 주 비교

	〈마녀〉	〈허스토리〉
금요일	목요일 대비 144%	목요일 대비 97%
토요일	금요일 대비 222%	금요일 대비 166%
일요일	토요일 대비 98%	토요일 대비 82%

〈마녀〉의 첫 주 성적은 평균치보다 높았다. 결국 최종관객수 319만을 한다. 반대로 〈허스토리〉는 평균치보다 낮았다. 최종관객수 33만을 한다. 주말 관객수의 흐름은 이렇게 확연한 차이를 보여준다.

어느 요일에 개봉할 것인가?

예전에는 토요일이 개봉일이었다. 누구도 이 관행을 바꾸려 들지도 않았다. 늘 금요일 저녁에 극장 간판을 교체했고 영사실에서는 새로 들어온 필름을 확인한다고 분주했다. 그리고 매표소에서는 상영 시간표를 작성하고 스탬프로 일일이 영화표를 찍어냈다. 그러면 얼추 영업 준비가 끝난다. 다음날인 토요일 새 영화가 개봉되면서 관객을 맞이한다. 그때까지만 해도 이랬다.

변화는 금요일 저녁에 '유료시사회'라는 명목으로 변칙(?) 상영을 하면서 비롯되었다. 이 유료시사회는 2000년 9월 CJ가 배급한 〈공동경비구역 JSA〉로 시작된다. 개봉이라는 단어 대신 시사회라는 단어를 내세운 것은 개봉일을 앞당기는 것에 대한 저항감을 줄이기 위한 차원이었던 것으로 보인다. 뜻밖에 이 유료시사회는 극장 측으로부터 대단한 호응을 얻게 된다. 그럴 수밖에 없었던 것이 늘 계산기를 두드리고 있는 극장 입장에서는 새 영화를 하루라도 먼저 받아 개봉하는 것이 유리했기 때문이다. 극장 측의 요구로 금요일 유료시사회는 점점 더 확대된다.

이후 주 5일 근무제가 도입되면서 금요일 개봉은 본격적으로 자리 잡는다. 그러던 어느 날 전국 체인화로 힘이 세진 극장 측에서 목요일 개봉을 제안한다. 목요일이라면 이야기는 달라진다. 영화의 개봉일은 규제 대상이 아니다. 언제 개봉할지는 배급사가 알아서 선택할 문제다. 물론 극장과 합의가 이루어져야 비로소 가능한 일이지만, 시작은 극장이 아닌 배급사가 해야 맞다. 개봉에 일정한 룰이 필요한 이유는 흥행판의 경쟁이 지나치게 뜨거워지는 것을 사전에 제어하기 위해서다. 그런 이유로 극장이 아닌 배급사간에 합의가 필요한 부분이다.

당시는 극장에서 영화를 상영하려면 관할 구청이나 시청에 가서 직접 상영 신고를 해야만 했다. 영화를 새로 개봉할 때마다 '내 극장에 이 영화를 상영합니다.'라고 신고해야 하는 극장의 의무 사항이다. 극장이 3개관이면 각각을 단독 극장으로 보고 각관마다 신고한다. 금요일에 '1관에서 이 영화를 상영합니다.'라고 신고를 하면 휴일이 지나고 월요일까지는 그 영화를 다른 관하고 교체하는 것이 불가능했다. 신고한 영화가 토요일에 잘 안 들었다고 해서 일요일에 마음대로 작은 관으로 옮길 수가 없었다.

목요일 개봉을 바라는 극장 측의 입장도 일면 이해할 수 있다. 흥행은 귀신도 모른다고 했다. 극장 측에서 보면 목요일에 개봉을 하고 흥행성이 약하다 싶으면 금요일에 상영관 변경 신청을 하여 토요일부터 작은 관에서 상영할 수 있는 것이다.

이러한 변화가 누구에게 더 유리하게 작용할까? 극장의 의무 사항이었던 상영 신고제도 영화진흥위원회의 영화관입장권통합전산망(KOBIS)의 도입과 함께 사라졌다.[10] 이로 인해 극장들은 관 배정에 있어 자유로워진다. 그 결과 일명 퐁당퐁당[11]

---

10) 영화관입장권통합전산망에 가입하는 극장에게는 영화상영신고를 면제해 주었다. 극장들의 영화관입장권통합전산망 가입을 유도하기 위해서였다.

이란 것이 생기고 아침저녁 상영으로 내모는 관행이나 스크린 독과점 문제가 불거지게 된다. 배급사 입장에서 목요일 개봉은 관 배정에 따른 재량권을 극장에게 넘겨준 꼴이다.

목요일 개봉으로 덕을 보는 것은 극장과 더불어 큰 영화를 가진 큰 배급사뿐이다. 개봉 목요일에 관객이 들면 극장들이 알아서 주말에 더 많은 스크린과 상영회수를 내어 주니 이보다 더 좋을 수는 없다. 가만히 앉아 있어도 알아서 해주니 말이다. 독립영화, 예술영화를 포함하여 작은 제작비의 영화마저 목요일 개봉을 관행처럼 여기고 있다. 첫날 관객수를 보장할 수 없는 목요일 개봉이 과연 누구에게 유리한 제도일까?

최근에는 수요일 개봉도 빈번하다. 조금이라도 큰 영화라고 생각되면 일찌감치 수요일에 개봉시킨다. 어떤 요일을 선택하든 그건 배급사 권한이라고 했다. 하지만 권리가 주어지는 만큼 의무도 뒤따른다. 의무라 함은 건전한 흥행판을 잘 유지해 가는 것이다. 큰 배급사는 큰 책임도 같이 진다. 자기만의 영화판, 또는 특정 세력이 좌지우지하는 그런 흥행판을 만들려는 의도가 아니라면 최소한의 룰은 지켜주는 것이 한국영화의 건전한 생태계를 유지하는 데 있어 반드시 필요하다 하겠다.

주간 그래프를 기준으로 볼 때 가장 좋은 개봉일은 당연히 주말이 시작되는 금요일이다. 관객이 많을 때 개봉하는 것이 확실히 흥행에 도움이 된다. 더욱이 지금처럼 첫날 관객수가

---

11) 1회, 3회, 5회 또는 2회, 4회, 6회 식으로 다른 영화와 같이 상영하는 것을 말하는 속어.

무엇보다 중요해진 흥행판에서는 금요일 개봉이 유리할 수 있다. 금요일 개봉은 결코 후퇴가 아니다. 북미에서는 여전히 금요일 개봉을 고수하고 있다. 왜냐하면 전 세계 흥행판이 주말은 똑같이 금요일부터 시작되기 때문이다.

일일 최고와 최저 관객수

일일 최고와 최저는 언제일까? 2018년 전체관객수를 보면 2억 1,639만이다. 이것을 365일로 나누면 약 59만이 나온다. 이것이 일일 평균 관객수가 된다. 그러면 일일 최고는 언제일까? 지난 5년간의 통계로 살펴보면, 다음 표와 같다.

연도별 일일 최대(고) 관객수

년도	일일 최대 관객수	날짜
2014	206만명	12월 25일(목) 성탄절
2015	202만명	12월 25일(금) 성탄절
2016	189만명	7월 30일(토): 31주차
2017	207만명	12월 24일(일): 크리스마스이브
2018	206만명	8월 4일(토): 31주차

단 하루 동안의 관객수가 비수기 주말전체관객수보다 많다. 그리고 일일 평균인 59만보다 약 3.5배나 더 들고 있음을 알 수 있다. 매년 성탄절에 일일 최대 관객수를 기록하다가 2016년과 2018년에는 여름시즌에 나왔다. 여름시즌의 비중이 점점 더 커지고 있음을 알 수 있다.

반대로 연중 최저, 즉 관객이 가장 적은 날은 언제일까?

연도별 일일 최저 관객수

년도	일일 최저 관객수	날짜
2014	12.5만	4월 22일 (화)
2015	13.5만	4월 21일 (화)
2016	9.5만	4월 5일 (화)
2017	14.5만	4월 24일 (월)
2018	14.3만	5월 14일 (월)

연중 일일관객수가 가장 적은 날의 평균은 약 13만으로 일일 평균 59만의 24% 수준이다. 주로 4월에 최저를 기록하고 있다. 이 통계로 4월이 확실히 비수기임을 알 수 있다.

주말전체관객수가 흥행을 결정짓는다

주말은 금요일부터 일요일까지, 주중은 월요일부터 목요일까지를 말한다. 박스오피스에서 주말관객수라 함은 금, 토, 일 관객수의 합을 말한다. 주말관객수가 한 주에서 61%를 차지하고 있다. 이 주말전체관객수를 통해 한 해 동안의 흥행주기를 파악할 수 있다. 연중 가장 관객이 잘 드는 주는 31주차(8월 첫째 주)로 주말전체관객수 평균이 497만이고, 반대로 가장 안 드는 주는 16주차(4월 셋째 주)로 115만이다. 그 차이가 382만이나 된다. 흥행판의 관객 유동성이 매우 큼을 알 수 있다.

가장 잘 드는 주말을 순서대로 살펴보면 31주차, 32주차, 30주차, 52주차, 33주차 순이다. 8월에 관객이 가장 많음을 알 수 있다. 2018년 기준 주말전체관객수 평균은 약 234만이다. 중간값은 227만이다. 이는 매년 유사하게 나타나고 있다.

연도별 주말관객수 평균(단위: 만명)

	2018	2017	2016	2015	2014
평균값	234	247	248	257	244
중간값	227	222	232	234	227

그래서 흥행주기 파악이 가능하다.

지난 5년간의 연도별 주말전체관객수의 최고와 최저를 살펴보면 다음과 같다.

연도별 주말전체관객수 최고 및 최저(단위: 만명)

년도	주말 최고 관객수	주말 최저 관객수
2014	507(31주차)	102(16주차)
2015	482(33주차)	117(16주차)
2016	486(32주차)	97(17주차)
2017	462(31주차)	122(16주차)
2018	542(31주차)	107(16주차)

주말전체관객수가 250만 이상이면 흥행영화가 개봉되었음을 알리는 신호탄이다. 2019년 3월 10주차 비수기 시장에 〈캡틴 마블〉이 개봉된다. 이전 9주차 주말전체관객수가 222만이었다. 비수기로 접어드는 시점에 와 있는 모습이다. 그런데 10주차 주말전체관객수가 274만으로 늘어난다. 〈캡틴 마블〉이 개봉된 것이다. 〈캡틴 마블〉은 최종관객수 570만을 한다.

2018년 6월 23주차에 〈쥬라기월드: 폴른 킹덤〉이 개봉된다. 22주차 주말전체관객수는 155만, 6월 시장이 의외로 붐업이 안 되는 상황에서 23주차 주말전체관객수가 251만으로 늘어난다. 〈쥬라기월드: 폴른 킹덤〉은 최종관객수 566만을 한다.

2018년 10월 40주차에 〈베놈〉이 개봉된다. 39주차 주말전체관객수는 188만, 10월 비수기 시장으로 접어들어 관객이 더 줄어들 수 있는 상황에서 40주차 주말전체관객수가 267만으로 는다. 〈베놈〉은 최종관객수 389만을 한다.

주말 박스오피스 1위의 평균 시장점유율

최근 5년간 주말 박스오피스 1위 영화의 시장점유율[12] 평균은 다음과 같다.

연도별 주말 박스오피스 1위와 2위의 평균 시장점유율

년도	2014	2015	2016	2017	2018
1위 점유율	42.2%	42.4%	43.7%	44.9%	45.6%
2위 점유율	21.5%	21.2%	18.1%	21.6%	22.1%

주말에 1위를 하면 전체 시장에서 평균적으로 42% 이상을 점유한다는 통계이다. 이 수치는 매년 증가하는 추세다. 그만큼 시장에서 1위 영화로의 쏠림 현상이 강하게 나타나고 있다. 2018년 4월 17주차에 개봉된 〈어벤져스: 인피니티 워〉는 첫 주말에 약 95%의 시장을 점유한다. 주말 극장에 나온 관객 거의 대부분이 이 영화를 봤다는 것이다. 이것이 가능했던 것은 극장들의 적극적인(?) 협조 덕분이다. 그들이 극장을 전부 이 영

---

12) 시장점유율(market share): 전체 시장에서 차지하는 관객 점유율.

화에 열어주었으니 가능했던 것이다.

〈어벤져스: 인피니티 워〉의 첫 주말 상영회수 점유율은 77%였다. 한 관 당 관객수는 평균 83명으로 100명이 안 된다. 빈자리가 많았다는 이야기다. 당연히 상영회수를 반으로 줄였어도 관객 유치에는 문제가 없었을 것이다. 물론 일찍 매진되는 상황이 벌어지기는 했겠지만 그렇다고 이 영화는 볼 사람이 안 보거나 하지도 않았을 것 같다. 이렇게 상영회수를 좀 줄인다고 해서 1,121만 동원에 문제가 있지도 않았을 것이다. 1위로 쏠림 현상에 있어 이처럼 극장들의 역할(?)이 가장 큰 부분을 차지하고 있다고 하겠다.

2위도 평균 약 21%가 나온다. 결국 1위와 2위 영화가 전체 시장에서 62%를 가져가고 있다. 2018년만 따로 떼어서 보면 1위와 2위가 전체 시장에서 약 68%를 가져가고 있다. 점점 더 1위와 2위 영화로의 집중도가 높아지고 있다는 것을 알 수 있다. 결국 이 말은 1위와 2위 영화만이 흥행하는 시장이라고 해도 과언이 아닌 것이다.

3. 흥행의 해부

1. 흥행의 정의

'흥행'의 뜻을 사전에서 찾아보면 '영리를 목적으로 연극, 영화, 서커스 따위를 요금을 받고 대중에게 보여줌'이라고 정의하고 있다. 한자로 풀이하면 흥행은 '흥할 興' '행할 行'으로 '흥하려고 행하는 것'이다.

'흥행'은 흥하려고 하는 것이다. 극장에서 상영한다는 것은 순수하게 보면 관객에게 보여주기 위한 행위지만, 흥행의 관점에서 보면 영리, 즉 흥행을 하기 위해 하는 행위이다. 결국 '흥행영화'라 함은 흥하려고 했는데 그렇게 된 영화를 일컫게 된다.

흥행을 '각본 없는 영화 밖 드라마'라고 표현하는 것은 그것을 알아맞히기도 힘들지만, 한번 흥행이 시작되면 마치 막아둔 물이 일시에 터져 쏟아지는 것처럼 걷잡을 수 없기 때문이다.

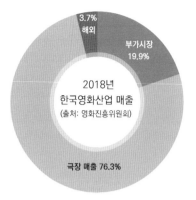

3.7%
해외

부가시장
19.9%

2018년
한국영화산업 매출
(출처: 영화진흥위원회)

극장 매출 76.3%

그렇게 흥행된 영화 덕분에 시장은 활기를 띠게 된다. 반대로 흥행은 낙하산을 지고 공중에서 뛰어내리는 것과 같아 퍼지지 않으면 바로 추락하는 성향을 지니고 있기도 하다.

이런 흥행에서 가장 중요한 것은 '이익'이다. 이 이익이 흥행과 관련된 모든 문제를 해결하고 결정짓는다.

2018년 기준으로 국내 영화산업의 매출 중 76.3%가 극장에서 나왔다. 외국영화와 다르게 한국영화의 경우 매출의 대부분이 극장에서 나오고 있는 것이다. 하나의 플랫폼이 시장에서 50% 이상을 차지하는 산업은 건강한 구조라 할 수 없다. 어느 한 회사가 시장의 과반을 차지하는 순간 전체 시장을 독식할 가능성이 높기 때문이다. 또한 규모의 경제가 불가능한 산업이 영화산업인 만큼 생산을 증대시킬 수도 없는 상황에서 누군가 시장에서 과반을 차지할 경우 오랫동안 시장을 지배할 가능성도 크다. 결국 지금의 영화 시장에 있어 플랫폼 확대가 절실하다 하겠다.

영화 수익 구조에서 극장 매출이 대부분을 차지하는 한국영화산업은 극장에서 한 푼이라도 더 수익을 만들어내야만 하는 절박한 상황이다 보니 극장 흥행에 목을 맬 수밖에 없는 구조

연도별 한국영화와 외국영화 관객수 및 점유율

년도	한국영화 관객수	점유율	외국영화 관객수	점유율
2014	1억 0770만명	50.1%	1억 0737만명	49.9%
2015	1억 1294만명	52.0%	1억 0436만명	48.0%
2016	1억 1656만명	53.7%	1억 0047만명	46.3%
2017	1억 1391만명	51.8%	1억 0597만명	48.2%
2018	1억 1015만명	50.9%	1억 0624만명	49.1%

다. 한국영화와 외국영화의 시장 점유율 상황을 보면 50 대 50 으로 양분되어 한 치의 양보도 하지 않는 모습이다. 현재 이 균형이 조금씩 깨지면서 외국영화 관객이 증가 추세에 있다. 현재 그 차이는 미미한 수준이긴 하지만 그 곡선이 어디로 향하고 있느냐는 매우 중요한 문제이다. 위인가, 아래인가?

흥행의 기준과 손익분기점

관객이 얼마나 들어야 흥행이 되었다고 할 수 있을까? 흥행의 기준을 살펴보기로 하자. 어떤 영화는 300만이 들었는데 흥행이 되었다고 하고, 또 어떤 영화는 300만이 들었는데도 망했다고 한다. 결론부터 말하면 한국영화의 흥행 기준은 손익분기점(BEP)[13]이고, 외국영화 중 수입사가 들여온 영화는 판권료(수입가)에다 P&A[14]가 더해진 것이다. 할리우드 직배사는 국

---

13) BEP(break-even point), 즉 손익분기점은 수입과 비용이 같아서 이익도 손해도 나지 않는 지점을 말한다.

14) P&A는 Print와 Advertisement의 첫 글자를 딴 것으로 배급 비용을 비롯하여 광고 및 홍보비 등 제반 관련 비용을 말한다.

내에서는 손익분기점이 없는 것과 마찬가지다.

한국영화에서 원가, 즉 손익분기점은 총제작비를 말한다. 총제작비는 순제작비와 P&A의 합이다. 순제작비는 영화의 기획 단계에서부터 완성되기까지의 총 비용을 말하고 나머지는 모두 P&A 비용에 포함된다. 장사의 1차 목표는 원가를 보존하는 것이다. 영화의 원가인 총제작비를 회수했느냐가 흥행의 기준이 된다.

1차 플랫폼이라 할 수 있는 극장에서 손익분기점을 확보하려하는 것은 비단 우리나라만의 전략은 아니다. 거의 대부분의 나라에서 1차 플랫폼에서 손익분기점까지 도달한 후 2차 시장인 부가서비스 플랫폼에서 수익을 내는 식으로 포토폴리오를 구성하고 있다. 안타까운 것은 다른 나라에 비해 우리나라의 부가시장이 그리 크지 않다는 점이다.(그래서 이 책에서는 1차 플랫폼에서 악착같이 수익을 내야 하는 국내 시장에 맞춰 극장만을 다루기로 한다.) 흥행에 있어 다양한 시장이 존재하지 않다 보니 간절하게나마 극장인 1차 시장에서 손익분기점에 도달해줘야 하는 것이 우리 시장이다.

그런데 여기서 의문을 하나 던지면, 손익분기점을 100만 명이니 300만 명이니 관객수로 측정하는 것이 과연 타당한가? 결론부터 말하면 맞지 않다. 손익분기점의 기준이 총제작비이다 보니 박스오피스도 당연히 금액으로 산출하는 것이 맞다. 거의 모든 나라가 박스오피스를 매출로 계산하고 있다. 1억불이니, 2억불이니. 하지만 국내에서는 오래전부터 흥행판에 이어져온 관습으로 인해 여전히 박스오피스를 관객수 기준으로 하고 있다.

우리나라에 영화관입장권통합전산망시스템(kobis)이 도입된 것은 불과 몇 년 되지 않는다. 영화진흥위원회가 운영하는 kobis가 100% 완성된 것은 2010년의 일이다. 그러면 kobis가 없던 시절에는 어떤 방식으로 박스오피스니 손익분기점이니 하는 것들을 파악했을까? 당시는 상영 중간에 매출을 확인한다는 것이 거의 불가능했다. 종영 후 극장이 발행한 부금계산서를 보고서야 매출을 알 수 있었다. 답답한 노릇이었다. 그래서 영화제작사들이 궁여지책으로 찾아낸 것이 관객수로 유추하는 방식이었다. 이것이 가능했던 것은 영화 관람료가 균일했기 때문인데, 이렇게 티켓 단가는 정해져 있으니 여기에 관객 숫자만 알아내서 곱하면 얼추 매출계산이 가능했다.

하지만 또 하나의 복잡한 방정식을 해결해야 했다. 당시에는 지방 관객수를 정확히 확인하는 것이 불가능했는데, 지방 배급이 '단매'니 '우라'[15]니 하며 여러 방식으로 이루어져 전국 단위의 관객수 파악이 어려웠기 때문이다. 그래서 경험적 추산을 통해 서울 관객수에 3.3을 곱한 값을 전국 관객수로 유추해 냈다.

---

15) 단매: 특정 지역에 대한 배급권 일체를 파는 방식.
우라: 단매의 일종으로 특정 극장의 흥행 성적을 토대로 단매 가격을 결정하는 방식. 예를 들어 대구를 제외한 경북의 단매 가격을 대구 A극장 부금의 50%로 정하는 것.

그렇게 만들어낸 공식으로 흥행의 기준 비슷한 것을 만들어 냈으니, 그 기준이 서울 30만, 전국 100만이었다. 2000년대 초반 영화 한 편당 총제작비는 평균 약 30억이었다. 당시 계산법으로 티켓 1장 당 약 3,000원이 배급사(제작사 포함) 몫이 된다. 3,000원 × 100만명 = 30억. 이렇게 해서 한국영화 흥행 기준 100만 명이 탄생한 것이다. 이것이 기준이 되어 서울에서 30만이 넘으면 흥행이고, 넘지 못하면 흥행하지 못한 것이 되었다. 그럼 왜 이런 기준을 만들었을까? 당시는 극장으로부터 수익을 정산 받는 데 종영 후 6개월에서 길면 1년까지 걸렸다. 그것도 현금이 아닌 약속어음으로 받았으니 제작사 입장에서는 최종 정산 전에 대략적인 감이라도 잡고 있어야 다음 영화 제작을 준비할 것이 아니겠는가.

2018년 기준 손익분기점 계산하기

영화진흥위원회에서 펴낸 『2018년 한국영화산업 결산』을 보면, 한국영화의 극장 총매출은 9,128억 원이고 전체 관람객은 1억 1,015만 명이다. 이 숫자를 가지고 티켓 1장 당 평균 가격을 계산하면 8,287원이 나온다. 여기에는 영화발전기금과 부가가치세가 포함되어 있는데, 이를 제하면 7,308원이 된다. 이 금액이 세후 원가가 된다.

이 돈을 극장 측과 배급사 측이 나누어 갖게 되는데, 한국영화의 경우 서울은 극장과 배급사가 각각 4.5 대 5.5의 비율로, 서울을 제외한 지방은 5 대 5의 비율로 분배한다. 평균을 내면 배급사가 약 3,800원을 가져간다. 이 금액에서 먼저 배급수수료 10%가 빠지는데, 이것을 제하면 3,420원이 남는다. 3,420원이 투자사로 넘어온다. 이 금액이 제작사 입장에서 티켓 1장 당 원가가 되는 것이다. 이 금액으로 영화 총제작비를 나누면 (총제작비/3,420) 손익분기점이 되는 관객수가 나온다.

〈예시〉 총제작비가 100억 원인 영화의 손익분기점
100억 ÷ 3420원 = 292만 명
292만 명, 즉 약 300만 명이 손익분기점이 된다.

지금은 kobis를 통해 영화별로 정확한 매출을 확인할 수 있다. 하지만 흥행판에서는 여전히 관객수로 손익분기점을 파악하는 방식을 선호한다. 아마도 몸에 밴 습관 때문일 것이다.

한편 투자사로 넘어온 금액 중 총제작비를 제한 금액이 순수익인데, 이 순수익은 일반적으로 투자사 6, 제작사 4의 비율로 나누어 정산한다.

배급수수료 10%

배급이란 업무를 진행하다 보면 배급에 따른 수수료가 발생하게 마련이다. 2000년대 초반만 하더라도 5~8%였던 배급수수료가 지금은 10%까지 상승했다. 그렇다면 그에 합당한 이유가 있어야 할 것이다. 업무량이 많아졌거나 고급화되었거나, 그것도 아니면 제작사의 수입이 예전에 비해 늘어났다거나 등등.

실상은 어떤가? 업무량은 분명 예전만 못하다. 단순 비교만 해도 과거에 비해 상대하는 극장 수가 현격히 줄었고, 극장별 프로그램 수급 담당자 수도 줄었다. 예전에는 극장별로 다 뛰어다녀야 했지만, 지금은 CGV, 롯데, 메가박스 담당자만 만나면 된다. 당연히 업무량은 예전보다 확실히 줄었다.

고급화도 이루어지지 않았다. 개봉일 잡는 것만 봐도 일명 밀어내기 식으로 라인업이 구성된 느낌이다. 이런 상황에서 제작사의 수입 증대를 기대할 수 있을까? 수수료가 인상된 만큼의 합당한 이유를 찾을 수 가 없다.

2. 흥행의 3박자

여기서는 흥행을 결정하는 여러 요소 중에서도 배급과 관련한 부분만을 간략히 살펴보려 한다. 앞서 영화 관객들의 확산 순서를 '위험을 감수하는 소중한 관객' → '모방 관객' → '다수결을 신뢰하는 관객' 순으로 움직인다고 설명하였다. 이를 기준으로 흥행의 3박자라 할 수 있는 개봉일, 콘셉트, 입소문을 대입시켜 보았다.

1) 위험을 감수하는 소중한 관객 – 개봉일

위험을 감수하는 소중한 관객이 지갑을 꺼내 자신의 영화를 선택하게끔 하기 위해 영화사들은 다양한 리스크 헤지를 한다. 이 모든 것은 흥행이 잘되길 바라는 차원에서 하는 일임에 분명하다. 배급에서도 이 위험을 감수하는 소중한 관객들을 끌어들이기 위한 리스크 헤지 차원에서 반드시 필요한 작업이 있으니 그것이 개봉일을 정하는 일이다. 이 개봉일은 관객들로 하여금 일종의 시그널 효과처럼 작용하여 그들이 지갑을 여는 데 매우 중요한 역할을 담당한다.

흥행판에서 첫 주말 흥행이 점점 더 중요해지고 있음은 앞서 살펴보았다. 첫 주말 흥행을 좌우하는 여러 요소 중 개봉일은 가장 큰 비중을 차지한다. 관객은 매주 다르고, 매달 다르고, 계절별로, 시즌별로 다르다. 이 움직임을 잘 판단하여 개봉일을 선택해야 한다. 혹여 개봉일을 잘못 선택하게 되면 영화 자체가 가진 잠재적 관객마저 잃어버릴 수 있다.

비근한 예로 여기 오랫동안 고생하여 잘 만든 액션영화가 있다고 하자. 개봉일이 정해져 관객들에게 시그널을 날렸다. 그런데 하필 〈어벤져스〉와 같은 날 개봉이다. 지갑이 열리겠는가? 흥행에 있어 개봉일은 가장 신중하게 결정해야 할 문제이다.

2) 모방 관객 – 영화의 콘셉트

2차 관객이라 할 수 있는 모방 관객은 매우 조심스러운 부류이다. 그들이 영화를 선택하는 이유는 다양하다 못해 복잡다단하다. 너무나 조용히 뒤쫓아 구매하기에 구별조차 힘들 때도 있다. 그럼에도 이들을 움직이게 하는 것이 있으니 그것이 바로 '영화의 콘셉트'다. 2차 관객들은 스토리도 중요하게 여기지만, 그보다는 콘셉트로 움직이는 경향이 강하다. 여기서 말하는 콘셉트는 장르와 유사하지만 다른 부분도 있다.

할리우드 제작자들이 흥행의 공식을 위해 만든 것이 장르라면, 콘셉트는 흥행의 포인트를 찾아내기 위한 것으로 장르보다는 오히려 코드에 가깝다 하겠다. 코드는 장르보다 더 흥행에 가까운 개념이라 할 수 있다.

멜로를 장르로만 보면, '남과 여가 만나서 사랑을 하는 이야기' 정도의 정보만 제공하게 된다. 이것을 콘셉트로 풀면, '어떤 남자와 어떤 여자가 어떻게 만나서 어떻게 헤어지는지'가 된다. 이 정도의 정보가 나와야 모방 관객이 움직이게 되는데, 여기서 '어떤' '어떻게'라는 부분이 코드가 된다.

장르와 대비하여 단순화시킨 콘셉트에 의한 반응을 살펴보면 다음과 같다.

'공포' 영화 ― 얼마나 무서워?
'멜로' 영화 ― 눈물 나?
'코미디' 영화 ― 얼마나 웃긴데? 마지막에 울려?(한국형 코미디 영화는 마지막에 살짝 울려주면 흥행에 도움이 된다.)
'액션' 영화 ― 신나? 그런데 누가 나오는데?(액션영화는 배우가 중요하다.)
'스릴러' 영화 ― 실화야?
'드라마' 영화 ― 원작이 뭐야?

이것은 관객이 콘셉트를 알기 때문에 반응하는 것이기도 하지만 콘셉트가 관객을 알고 반응을 이끌어 내는 것이기도 하다. 따라서 콘셉트는 일종의 밴드왜건 효과라고도 할 수 있다. 서로 상호작용을 하는 것이다.

영화가 개봉되면 다양한 정보들이 단순화되면서 결국에는 '재미있어? 없어?'로 결론이 나고, 이것이 입소문으로 이어지면서 뒤에 오는 다수결을 신뢰하는 관객들을 움직이게 한다.

3) 다수결을 신뢰하는 관객 – 입소문

다수결을 신뢰하는 관객들을 움직이는 가장 중요한 요소는 '입소문'이다. '좋은 영화'라는 평가는 의미가 없다. 입소문으로 흥행하기 위한 조건은 '울었다', '웃었다', '무서웠다' 같은 단순한 감정을 얼마나 강렬하고 직관적으로 느꼈느냐에 달려 있기

때문이다. 단순하게 '좋았다' 같은 막연한 감정은 입소문으로 퍼지기에는 그 온도가 너무 낮다.[16]

결국에는 좋은 영화가 흥행하는 것이 아니라 흥행이 잘되는 영화가 좋은 영화가 된다. 이렇게 흥행이 입소문으로 이어지게 되면서 그에 따른 필수조건으로 롱런, 즉 네트워크 효과를 동반하게 된다. 이제는 관객들이 흥행을 만들어주는 역할을 담당하게 된다. 이 단계에 이르면 영화는 흥행궤도에 진입하여 아무도 못 말리는 자신만의 곡선을 그리며 흥행을 이어간다.

3. 첫 주말관객수가 흥행을 결정한다

앞서 살펴보았듯 흥행의 기준은 손익분기점을 넘기는 데 있고 최종 목적지는 영화가 종영되는 지점까지이다. 그런데 오늘날의 흥행판은 최종점에 도달하기도 전에 흥행이 결정되는 모습이다. 마치 시장에서 마수걸이를 금과옥조로 여기는 것처럼 초반 흥행에 목숨을 거는 모습들을 보노라면 잘 짜인 전략이라기보다는 시끄럽고 너무 요란스러워 시장 바닥의 장돌뱅이 장사치와 별반 차이를 느끼지 못할 정도이다.

이렇게 첫 주말 비중이 커져가는 현상은 상업영화의 본고장인 북미 시장도 별반 차이가 없어 보인다. 종영 때까지의 전체 수입이 아니라 개봉 첫 주말 1억불을 넘겼느냐가[17] 더 중요해

---

16) 이치세 다카시게, 『J호러, 할리우드를 쏘다』(2010), 서해문집 참조.
17) 북미 최초로 첫 주말 1억불을 넘긴 영화는 2002년 개봉된 〈스파이더맨〉이다.

지고 있는 실정이다. 긴 호흡으로 흥행을 만들어가는 시대는 이미 지난 지 오래다. 지금은 개봉 첫 주말에 바로 흥망성쇠가 결정되어 버리는 개봉 자체가 이벤트가 되어 버렸다.

개봉 첫 주말관객수가 30만을 넘지 못했다면?

개봉 첫 주말관객수가 30만을 넘지 못하면 최종관객수 100만이 힘들어진다.

영화명	개봉일(2018년 기준)	첫 주말관객	최종관객
7년의 밤	3월 28일	23만	53만
상류사회	8월 29일	29만	77만
동네사람들	11월 7일	24만	46만

물론 2011년부터 2018년까지 첫 주말에 30만을 넘기지 못했지만 최종관객수 100만을 넘긴 영화가 없었던 것은 아니다. 〈그대를 사랑합니다〉(2011)가 개봉 첫 주말 14만에 최종관객수 165만, 〈수상한 고객들〉(2011)이 첫 주말 28만에 최종관객수 106만, 〈간기남〉(2012)이 첫 주말 24만에 최종관객수 125만, 〈장수상회〉(2015)가 첫 주말 29만에 최종관객수 116만, 〈동주〉(2016)가 첫 주말 18만에 최종관객수 117만을 넘겼다.

영화명	개봉일(2018년 기준)	첫 주말관객	최종관객
리틀포레스트	2월 28일	37만	150만
레슬러	5월 9일	36만	77만
인랑	7월 25일	36만	90만
스윙키즈	12월 19일	37만	147만

하지만 이런 현상은 2016년 이후 나오지 않고 있다. 이제는 최종관객수 100만을 넘기 위해서는 첫 주말관객수 37만을 넘겨 줘야 안정권 안에 들어가게 된다.

개봉 첫 주말관객수 65만, 90만, 100만

개봉 첫 주말관객수 65만은 최종관객수 200만의 기준점이다. 65만을 넘기면 일단은 200만을 넘김에 있어 안정권에 들어섰다고 볼 수 있다.

영화명	개봉일(2018년 기준)	첫 주말관객	최종관객
그것만이 내세상	1월 17일	65만	342만
골든슬럼버	2월 14일	63만	139만
지금 만나러 갑니다	3월 14일	68만	260만
탐정: 리턴즈	6월 13일	69만	315만
너의 결혼식	8월 22일	69만	282만
PMC: 더 벙커	12월 26일	64만	167만

개봉 첫 주말관객수 90만은 최종관객수 300만을 넘기냐의 기준점이다. 90만을 넘기면 일단은 300만을 넘김에 있어 안정

영화명	개봉일(2018년 기준)	첫 주말관객	최종관객
목격자	8월 15일	81만	253만
암수살인	10월 3일	99만	379만
독전	5월 22일	109만	506만
공작	8월 8일	143만	500만
안시성	9월 19일	113만	544만
완벽한 타인	10월 31일	117만	529만

권에 들어섰다고 볼 수 있다.

개봉 첫 주말관객수 100만을 기록한 영화는 최종관객 500만 이상의 영화가 될 가능성이 높다. 200만의 기준이 65만, 300만의 기준이 90만인 것과 비교하면 500만의 기준은 상대적으로 높지 않다. 그만큼 첫 주말 100만을 넘기란 쉽지 않다는 것인데 첫 주말관객수가 그 이상이라면 이것은 무조건 대박영화다.

4. 흥행은 경쟁에서 이기는 것에서 시작된다

흥행은 일종의 땅따먹기 혈전과 같다. 영화는 관객을 두고 서로 경쟁을 한다. 경쟁을 빼고는 흥행에 대해 이야기할 수 없다.

1년을 주 단위로 나누면 52주다. 2018년에 개봉된 영화는 총 728편이다.[18] 한 주에 약 14편의 영화가 개봉되고 있다. 매주 치열한 경쟁을 해야 하는 것이다. 영화에 있어 경쟁은 어쩔 수 없는 숙명으로 받아들여야 한다.

그렇다고 관객이 무한정 존재하는 것도 아니다. 정해진 관객수를 놓고 누가 먼저 쟁취하느냐 하는 일명 '땅따먹기 혈전'이 흥행판에서 벌어지고 있다. 그중에서도 유독 한국영화들끼리의 경쟁이 매우 치열하다. 이유는 시장이 매우 작다는 데서

---

18) 영화진흥위원회에서 발행한 '2018년 한국영화산업 결산'에서 발췌함. 1개 상영관에서 일주일간 전일 상영되는 경우인 상영회수 40회 이상의 영화를 실질 개봉작으로 집계하였고 독립영화와 예술영화도 포함시켰다.

찾을 수 있다.

유독 심한 한국영화들끼리의 경쟁

2018년 한국 영화산업 매출의 대부분을 차지하는 것은 극장 매출(76.3%)이다. 해외 수익이라고 해봤자 3.7%[19]가 전부다. 심하게 말해서 한국영화의 매출은 극장 수입이 거의 전부라고도 할 수 있다. 내수시장에 목을 매달 수밖에 없으니 경쟁은 치열해질 수밖에 없는 것이다.

1년 동안 극장에서 개봉되는 한국영화는 약 52편이다.[20] 1주에 1편씩 나오는 꼴이다. 그러니 일 년 내내 한국영화는 한국영화끼리 경쟁을 피할 수가 없다. 한국영화가 동시에 2편 이상 개봉되어 출혈경쟁이 이루어지는 경우도 종종 발생하고 있다. 모두가 1등이 되고 싶어 하는 흥행판에서 이것은 한마디로 '자살폭탄테러'와도 같다.

자살폭탄테러의 현장

2019년 3월 넷째 주(12주차)에 한국영화 〈돈〉, 〈악질경찰〉, 〈우상〉 3편이 개봉된다. 이때는 흥행 시즌도 아니다. 오히려 비수기 시장이다. 그런 시장에서 세 영화가 동시에 박치기를

---

19) 3.7%의 내역은 영화 기술서비스 수출 실적과 외국 영상물의 국내 로케이션 실적이다.
20) 개봉 토요일 기준 스크린 150개 이상 또는 상영회수 800회 이상의 영화. 다양성 및 예술영화, 독립영화는 제외하였다.

2019년 3월 셋째 주에 개봉된 한국영화들

한다. 모두 총제작비 80억이 넘은 영화들이다. 합치면 240억이 넘는다. 총제작비가 240억짜리 영화라고 가정해보자. 이 영화를 비수기 시장인 3월에 개봉시키는 것이 가능할까? 약 700만이 들어야 손익분기점을 넘기는데? 불가능한 일이 벌어진 것이다.

〈돈〉은 첫 주말관객수 111만을 한다. 500만 이상을 바라볼 수 있는 스코어다. 그런데 500만은커녕 최종관객수 340만에 그친다. 〈악질경찰〉은 아무 힘도 못쓰고 최종관객수 26만에서 멈추었고 〈우상〉은 더 심해 최종관객수 18만이다. 세 영화를 모두 합쳐도 관객수는 겨우 380만이다.

이 상황을 이해하려면 당시의 흥행판이 어떻게 짜여 있었는지 살펴볼 필요가 있다. 2주 앞선 10주차에 마블의 〈캡틴 마블〉이 개봉된다. 그리고 뒤로 가면 4월말에 역시 마블의 히든카드인 〈어벤져스: 엔드게임〉이 개봉 대기 중이다. 다음 표와 같다.

주차	디즈니	쇼박스	워너	CGV 아트하우스	비고
3월 1주(9주차)				어쩌다, 결혼	삼일절 특수시장
2주(10주차)	캡틴 마블				
3주(11주차)					
4주(12주차)		돈	악질경찰	우상	
5주(13주차)					
4월 1주(14주차)			샤잠!		
2주(15주차)		미성년			
3주(16주차)			요로나의 저주		
4주(17주차)	어벤져스: 엔드게임				

2019년 3월과 4월의 흥행판

먼저 〈돈〉을 배급한 쇼박스를 보면, 상반기 라인업으로 〈뺑반〉, 〈돈〉, 〈미성년〉 세 편이 있다. 〈뺑반〉은 설 연휴에 개봉되어 이미 흥행에 실패한 상태다. 상반기 실적을 위해서라도 〈돈〉의 흥행이 절실한 상황이 되어 버렸다. 먼저 〈미성년〉부터 자리를 잡는다. 〈어벤져스: 엔드게임〉과 2주차 간격을 두면 충분할 것 같다. 그리고 나면 11주차~14주차가 남는다. 11주차는 〈캡틴 마블〉과 1주차밖에 차이가 안 나는 상황이라 당연히 위험할 수 있다. 최소 2주 간격을 두는 것이 그래도 안전하다. 12주차를 선택한다. 〈미성년〉과도 3주 간격을 두었으니 서로 피해를 주지 않을 것으로 보았다.

다음으로 〈악질경찰〉을 배급한 워너를 보자. 3월과 4월에 〈악질경찰〉 외에도 〈샤잠!〉, 〈요로나의 저주〉까지 개봉시켜야하니 상황은 쇼박스보다 더 안 좋다. 최근에는 할리우드 영화도 'day and date'라고 해서 북미와 동시에 국내에 개봉되고 있다. 〈샤잠!〉과 〈요로나의 저주〉의 북미 개봉이 이미 14주차, 16주차로 잡힌 상태다. 〈악질경찰〉을 앞으로 보내느냐, 뒤로 보내느냐만 남아 있다. 뒤로 보내기에는 북미 시장이 5월부터 여름시즌으로 접어들다 보니 워너의 센 영화들(〈명탐정 피카츄〉, 〈고질라: 킹 오브 몬스터〉 등)이 이미 라인업에 포진한 상태다. 앞으로 보낼 수밖에 없다. 쇼박스와 마찬가지로 〈캡틴 마블〉과 2주 간격을 두어야 하고, 자사의 영화 〈샤잠!〉과도 최소 2주 간격을 두다 보니 역시 12주밖에는 날짜가 없다.

CGV아트하우스는 좀 단순하게 생각한 것 같다. 자신이 예술영화 전용관도 가지고 있으니 고유한 자신만의 시장이 존재한다고 생각한다. 거기에 〈우상〉이 베를린영화제에 초청받은 상태니 그 열기가 식기 전에 개봉하는 것이 좋다고 보았을 것이다. 결국 끼지 말아야 할 자리에 끼게 된다.

한국영화 3편이 동시에 개봉되는 이러한 상황은 앞으로도 종종 발생될 것으로 보인다. 개봉을 기다리는 한국 영화는 많고 막상 북미 발 할리우드의 공세는 점점 세지고 있으니 갈 곳 없는 한국영화끼리의 경쟁은 불가피해졌다. 우리 시장에서의 부익부 빈익빈 현상은 더욱 심해질 수밖에 없어 보인다.

장르가 겹쳤을 때의 경쟁 양상

개봉 시 장르가 겹치면 경쟁은 더 치열해진다. 그것이 메인 장르든 2차 장르든 상관없이 혈투가 벌어지고 만다. 2014년 4

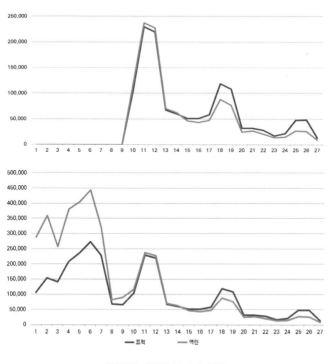

〈역린〉과 〈표적〉의 흥행 비교

월 30일 〈역린〉과 〈표적〉이 함께 개봉된다. 하나는 사극 액션이고 다른 하나는 현대판 액션이다. 1차 장르인 '액션'에서 서로 겹친다.

　상단의 그래프는 1주차가 아닌 2주차부터의 그래프이다. 이렇게 겹친 것을 봐서는 두 영화의 최종관객수는 유사할 가능성이 높다. 하지만 최종관객수 〈역린〉이 384만, 〈표적〉이 284만을 한다. 이 차이는 도대체 어디서 나온 것일까? 이 그래프에 앞선 1주차를 대입시키면 하단과 같은 그래프가 나오는데, 개봉 첫 주에 심한 경쟁을 했음을 보여준다. 두 영화가 개봉된 첫 주말에 관객들은 둘 중 하나를 선택해야 하는 기로에 서게 된다. 많은 관객이 리스크가 적은 쪽을 선택하였고 이로 인해 한 쪽은 그만큼의 잠재적 관객을 잃고 말았다.

〈하이힐〉과 〈우는 남자〉는 2014년 6월 4일에 함께 개봉된다. 둘 다 역시 액션 장르로 겹친다. 거기에 느와르 분위기까지 많이 유사한 영화였다. 결과는 다음 그래프와 같다.

두 영화도 첫 주에 심한 경쟁을 치른다. 그런데 그래프가 표준 흥행 그래프와는 사뭇 다르다. 첫 주말에만 살짝 치고 올라가면서 산봉우리라고 하기에는 너무 뾰족한 그래프를 만들더니 이후에는 산봉우리를 만들지 못하고 있다. 이유가 뭘까? 〈끝까지 간다〉가 이들 영화에 앞서 1주 전에 개봉하였다. 이 영화도 액션이다. 〈우는 남자〉와 〈하이힐〉과 함께 3파전 양상을 보인 것이다. 새로 개봉되었지만 〈우는 남자〉와 〈하이힐〉은 〈끝까지 간다〉의 흥행세에 짓눌린 상태가 되어 버려 첫 주말 산봉우리를 제대로 만들어 내지 못하고 만다.

그런데 엎친 데 덮친 격으로 문제가 또 발생한다. 일주일 후 비슷한 장르인 〈황제를 위하여〉가 개봉된 것이다. 〈황제를 위하여〉는 〈끝까지 간다〉와는 3주차, 그리고 〈하이힐〉과 〈우는 남자〉의 2주차 개봉인데, 이때는 4파전 양상을 띤다. 겨우 산봉우리를 만들어 낸다. 〈하이힐〉과 〈우는 남자〉는 첫 주에는 〈끝까지 간다〉로 인해 그로기 상태가 되더니 2주차에는 〈황제를 위하여〉로 인해 KO가 된다. 그래서 그래프 상으로 아무런

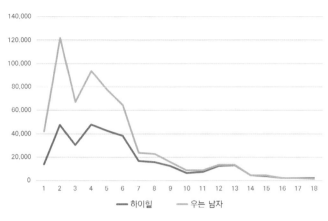

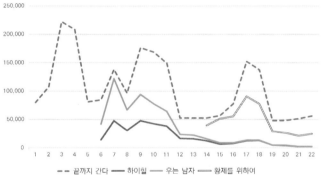

〈끝까지 간다〉, 〈하이힐〉, 〈우는 남자〉, 〈황제를 위하여〉의 흥행 비교

봉우리를 만들어 내지 못하고 만다. 이 두 영화는 장르에서 심하게 겹치고 거기에다 낀 배급이다 보니 최악의 흥행이 되고 말았다. 최종관객수 〈끝까지 간다〉 345만, 〈우는 남자〉 60만, 〈하이힐〉 34만, 〈황제를 위하여〉 59만이다.

이번에는 1년 간격으로 개봉한 영화들을 비교해보자. 〈완득이〉(2011. 10. 20)와 〈용의자 X〉(2012. 10. 18)는 해는 다르지

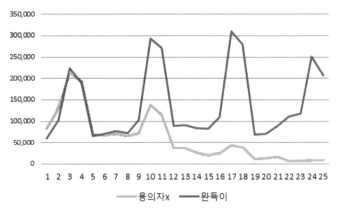

〈완득이〉와 〈용의자 X〉의 흥행 그래프

만 같은 10월 중순에 개봉된다. 첫 주말관객은 〈완득이〉 52만, 〈용의자 X〉 54만으로 비슷한 수준에서 시작한다. 하지만 최종 관객수는 〈완득이〉 531만, 〈용의자 X〉 155만으로 확연한 차이를 보인다.

〈완득이〉는 경쟁작 없이 순탄하게 흥행한 것에 비해 〈용의자 X〉는 3주차 〈늑대소년〉, 4주차 〈내가 살인범이다〉 등 연속적으로 경쟁작들이 개봉된다. 〈완득이〉는 3주차 주말에 가장 높은 봉우리를 만든 반면, 〈용의자 X〉는 더 하락하고 만다. 경쟁작으로 인한 피해가 흥행에 치명적인 영향을 주고 있음을 알 수 있다.

2차 관객을 두고 벌이는 경쟁

2014년 10월 2일 개봉된 〈슬로우 비디오〉와 〈제보자〉를 비

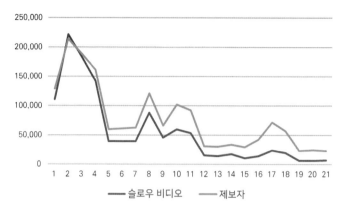

〈슬로우 비디오〉와 〈제보자〉의 흥행 그래프

교해 보자. 그래프 모양이 비슷하다. 첫 주말관객수도 〈슬로우 비디오〉 54만, 〈제보자〉 56만으로 비슷하지만 이후 차이를 보이기 시작한다. 2주차에 2차 관객인 모방 관객을 둘러싼 경쟁이 시작된 것이다. 첫 주말을 넘기고 개봉 5일차인 월요일에 낙차를 줄인 〈제보자〉가 〈슬로우 비디오〉보다 위에 놓이게 된다. 이것이 결과적으로 최종관객수 차이를 가져 온 것인데, 큰 차이는 아니지만 모방 관객들이 코미디보다는 드라마에 호감을 가진 결과라 볼 수 있다. 최종관객수 〈슬로우 비디오〉 116만, 〈제보자〉 175만을 한다.

영화로만 경쟁하는 것은 아니다

흥행을 놓고 경쟁해야 하는 상대가 영화만은 아니다. 영화는 프로야구가 시작되거나 월드컵 시즌이 도래하면 이와 경쟁관

계에 놓인다. 심지어 동네에서 축제가 열려도 그 지역 관객이 줄어든다. 봄과 가을이 비수기가 되어버린 것도 이런 이유에서 찾아 볼 수 있다. 날이 풀리고 꽃이 피면(혹은 단풍이 들면) 그만큼 야외로 나가는 사람이 많아지고 극장 관객은 줄어 들 수밖에 없다. 영화 또한 엔터테인먼트의 속성을 가지고 있다 보니 이들과 경쟁관계에 있는 것이다. 최근에 더 요란스럽고 더

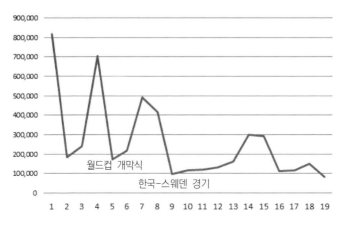

2018년 6월의 일일관객수 그래프

크게 개봉하려는 것도 이들과의 경쟁 때문이기도 하다.

　다행스러운 것은 엔터테인먼트 시장에서 다른 나라에 비해 영화가 대접을 받고 있다는 점이다. 글로벌 산업정보 조사기관인 IHS의 자료에 따르면, 2018년 우리나라 1인 당 극장 관람회수는 4.18회로 1위인 아이슬란드의 4.2회 다음으로 높은 수준이다.[21] 다음으로 미국이 3.7회, 호주가 3.5회이다. 하지만 계속 이런 좋은 대접을 받으리라고 기대하기는 힘들지 않을까.

　2018년에 월드컵이 6월 14일부터 시작되었다. 다음은 6월 10일부터 6월 28일까지의 일일관객수 그래프이다. 그래프를

---

21) 이것을 부가시장과 연계해 보는 시각도 있다. 부가시장이 상대적으로 약하다 보니 극장 관람 비율이 높고 N차 관람 또한 빈번해 인구 대비 천만영화가 많다고 보는 관점이다. 부가시장이 발달하면 이 현상은 줄어들 가능성이 높다라는 주장이다.

보면 5일째와 9일째가 가장 낮다. 그날은 월드컵 개막식이 개최된 날과 한국과 스웨덴의 첫 경기가 열린 날이다. 월드컵과 올림픽 같은 대형 이벤트 앞에서 영화가 무력해지고 있음을 볼 수 있다. 이런 이벤트들이 여름시즌에 주로 진행되다 보니 영화 입장에서 보면 그리 반갑지만은 않다. 경기 시간이 저녁 메인 시간대라면 그 피해는 더욱 커진다. 배급사들도 이런 세계적 이벤트가 있는 시기는 비껴서 개봉을 하기도 한다. 2002년 한일 월드컵 때는 아예 영화 상영을 포기하고 극장에서 월드컵 경기를 보여주기도 했다.

휴일 수가 만드는 차이

홍행 경쟁은 휴일 수의 차이에서도 나타난다. 2013년 10월 2일 개봉된 〈깡철이〉와 2015년 3월 12일 개봉된 〈살인의뢰〉를 보자. 첫 주말관객수 〈깡철이〉 41만, 〈살인의뢰〉 41만으로 거의 비슷한 홍행세로 시작하였다. 주말 이후 평일 관객수도 비슷하다. 2주차주말도 13만으로 같다. 그렇다면 최종관객수에서 큰 차이가 나지 않아야 한다. 그러나 〈깡철이〉는 120만, 〈살인의뢰〉는 84만으로 약 36만의 차이가 났다.

개봉일을 보면 각각 3월과 10월로 시장 차이는 없다고 봐야 한다. 차이는 휴일 수에서 찾을 수 있다. 〈깡철이〉는 개봉 2일차와 8일차에 각각 개천절과 한글날 휴일 관객을 끌어 모았다. 〈살인의뢰〉보다 두 번의 휴일이 더 존재한다. 수요일 개봉에 따른 13만(〈살인의뢰〉는 목요일에 개봉)에, 개천절 휴일에 의

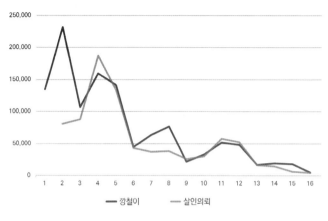

〈깡철이〉와 〈살인의뢰〉의 흥행 그래프

한 15만, 한글날 4만, 도합 약 32만 명이 〈살인의뢰〉보다 더 들었다. 이 차이는 확실히 휴일로 인한 것이다. 당연한 말이지만 휴일이 많아야 흥행에 유리하다. 휴일이 많으면 그래프에 산봉우리가 많아지고 그만큼 관객도 는다.

쌍둥이 그래프

2012년 2월 2일 개봉된 〈범죄와의 전쟁: 나쁜놈들 전성시대〉과 2013년 2월 21일 개봉된 〈신세계〉의 흥행 그래프는 마치 쌍둥이 같다. 최종관객수를 보면 〈범죄와의 전쟁: 나쁜놈들 전성시대〉 471만, 〈신세계〉 468만으로 역시 비슷한 수준이다.

첫 주말관객수 〈범죄와의전쟁: 나쁜놈들 전성시대〉 93만, 〈신세계〉 86만으로 두 영화는 시작부터 비슷했다. 유사한 장르에 유사한 수준의 배우를 썼고 개봉한 시기도 비슷했으니 완

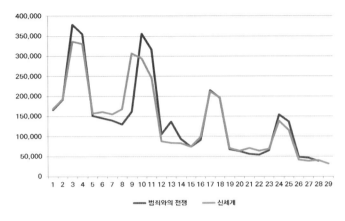

〈신세계〉와 〈범죄와의전쟁: 나쁜놈들 전성시대〉의 흥행 비교

벽한 쌍둥이 영화라고 할 수 있다. 이와 같이 유사한 부분이 많을수록 흥행 성적도 비슷해질 확률이 높다.

기타 변수들: 흥행 날씨와 출연배우의 사생활

흥행판에서 이야기하는 '흥행 날씨'라는 것이 있다. 주말 아침에 비가 오다가 오후에 개면 바로 흥행 날씨가 된다. 이런 날은 관객들이 교외로 나가지 않고 극장을 택할 확률이 높아진다. 하루 종일 비가 오는 경우에는 오히려 흥행이 저조해진다.

개봉을 앞두고 어떤 변수가 생길지 모른다. 개봉일이 다가오면 바짝 긴장하게 된다. 예상치 않은 외부 요인들이 발생할 수 있기 때문이다. 갑자기 터진 대형 사고도 흥행에 방해가 되지만 가장 큰 방해 요소는 출연배우의 예상치 못한 스캔들이 터지는 경우이다. 이런 경우에는 흥행에 바로 영향을 준다.

4. 흥행은 시즌을 만든다

1. 시즌이란 무엇인가?

흥행판에서 시즌이란 매년 주기적으로 관객들이 특정한 시기에 극장에 몰리는 현상을 말한다. 좀 더 구체적으로 말하면 유사한 성향을 지닌 관객 집단이 어느 시기에 뚜렷하게 몰리는 현상이 매년 나타나면 우리는 이것을 흥행시즌이라고 부른다. 우리에게 있어 흥행시즌은 여름과 겨울시즌, 그리고 명절연휴가 있는 설과 추석 시즌 그리고 최근에 생겨난 4월의 마블시즌이 있다.

흥행시즌의 특징을 살펴보면 각각의 시즌마다 관객이 다르게 나타나고 있음을 알 수 있다. 다른 말로 표현하자면 시즌마다 관객 집단이 뚜렷이 다른 성향을 보이고 있다는 말인데, 각 시즌마다 관객 집단이 바라는 영화의 성격이 다르다는 것을 의미하기도 한다.

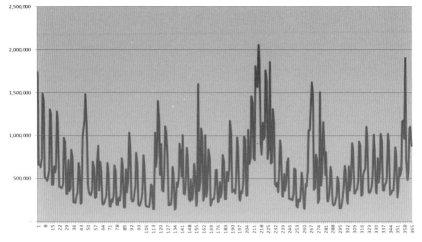

연중 일일관객수 그래프

　연중 일일관객수 그래프를 그려보면 위와 같이 나타난다. 이러한 패턴은 매년 비슷하게 나타나고 있다. 1월을 시작으로 2월까지 관객이 유지되다가 3월과 4월에 바닥을 찍고 나서 5월부터 서서히 관객이 증가하여 8월에 최고가 된다. 이후 다시 서서히 관객이 감소하다가 추석에 한번 치고 올라가서는 11월까지 감소한다. 그리고 12월에 다시 관객이 증가한다.

　가장 높은 산봉우리를 그리는 시기를 순서대로 보면 여름시즌, 겨울시즌, 설과 추석 시즌, 그리고 마블영화가 개봉되었을 때의 4월 시장이다. 관객이 많은 만큼 큰 배급사들의 라인업에는 늘 이들 시즌에 맞춘 영화들이 준비된다. 특히 이 흥행시즌에는 승자 독식의 구조가 자주 나타나다 보니 늘 엄청난 배급전쟁을 치르곤 한다.

2018년 박스오피스 TOP 10

순위	영화	시즌
1	신과 함께: 인과 연	여름시즌
2	어벤져스: 인피니티 워	마블시즌
3	보헤미안 랩소디	11월 개봉
4	미션 임파서블: 폴아웃	여름시즌
5	쥬라기 월드: 폴른 킹덤	6월 개봉
6	앤트맨과 와스프	여름시즌
7	안시성	추석 시즌
8	블랙 팬서	설 시즌
9	완벽한 타인	11월 개봉
10	독전	5월 개봉

최근 5년간 박스오피스 1위

년도	영화	시즌
2014	명량	여름시즌
2015	베테랑	여름시즌
2016	부산행	여름시즌
2017	신과 함께: 죄와 벌	겨울시즌
2018	신과 함께: 인과 연	여름시즌

2. 여름시즌

여름시즌을 과거 충무로 시절에는 '몸비시즌'이라고 하였다. '몸비'라는 용어는 옛 흥행사들 사이에서 사용된 속어로서, 몸비(もんび 또는 ものび)는 축제일, 명절 등을 뜻하는 일본어에서 유래되었다고는 하나 우리식으로 재해석되어 '몸을 비비고 봐야 할 정도로 관객이 많다'는 비유적 표현으로 사용되었다.

여름시즌은 통상 7월에서 시작하여 8월말까지 약 두 달간 이어지는데, 지난 5년간 평균을 내보면 일 년 전체관객수인 2

최근 5년간 전체관객수와 여름시즌(7~8월) 관객수

년도	전체관객수	7~8월 관객수	비율
2014년	215,068,958	52,096,126	24.2%
2015년	217,299,523	54,333,867	25.0%
2016년	217,026,182	56,178,793	25.9%
2017년	219,876,227	51,242,509	23.3%
2018년	216,385,269	50,034,944	23.1%

억 1천만 명 중 약 24%에 해당하는 5천만 이상이 이 시기에 집중되고 있다. 이 시장에서 1위를 하면 천만을 돌파할 수 있다는 이야기이다.

북미에서도 여름시즌은 가장 큰 시장이다. 북미의 여름시즌은 메모리얼 데이(5월 마지막 주 월요일) 직전에 시작되어 노동절(9월 첫째 주 월요일)까지로 이 기간에는 독립기념일 연휴와 긴 여름방학이 존재한다. 북미 시장에서 여름시즌을 '화약을 지고 불 속으로 들어가는 시즌'이라고 표현한다. 유난히 경쟁이 치열한 것을 빗대서 표현한 것이다. 이 시즌은 할리우드 연간 수입의 대략 40%를 차지하는 큰 시장이다.[22]

우리나라에서도 여름시즌은 1년 중 관객이 가장 잘 드는 주들이 포함되어 있다. 본격적인 여름시즌은 보통 7월 중순에서 8월말까지를 말하는데, 이 안에는 연중 관객이 가장 많은 31주차(1위), 32주차(2위), 33주차(3위), 30주차(5위)가 다 들어 있다. 이 시즌은 흥행세가 좋을 때는 9월까지 이어지는데 이는 뒤

---

22) 피터 바트, 〈할리우드의 영화전략〉, 김경식 옮김, 을유문화사(2001) 참조.

에 오는 추석연휴 시기에 따라 달라진다.

이 시즌은 일 년 중 가장 관객이 많은 만큼 경쟁도 가장 치열하다. 이런 이유로 메이저 배급사만이 진입이 가능하고 블록버스트급 영화만이 흥행 가능성이 높은 시장이 되고 있다.

여름시즌의 형성과정

거슬러 올라가면, 제헌절이 휴무였던 2007년까지 일 년 중 가장 잘 드는 주는 7월 17일이 낀 28주차였다. 당연히 28주차부터 본격적인 여름시즌 전쟁이 시작되었다. 2008년에 주 5일 근무제가 실시되고 제헌절이 휴무에서 제외되면서 흥행판이 잠시 혼란을 겪게 된다.

2010년에는 주말관객수 1위가 1주차에서 나왔고, 2위는 52주차, 3위가 여름시즌인 32주차에서 나왔다. 2011년에는 1위 51주차, 2위 32주차, 3위 31주차로 여름시즌이 서서히 올라오기 시작한다.

여름시즌은 가장 좋은 시장인 만큼 흥행에 있어 가장 좋은 영화를 가져다 놓아야 하는 배급사 입장에서 신중할 수밖에 없다.

2011년 30주차에는 개봉된 영화가 없었다. 오히려 29주차와 31주차에 각각 두 편이 동시에 개봉되었다. 여전히 혼란을 겪고 있는데, 이 혼란은 스크린이 늘어나고 흥행에 필요한 상영 기간이 줄어드는 현상과 함께 서서히 정리가 되기 시작한다.

2010년 여름시즌 흥행 성적

시기	배급사	영화명	관객수(명)	박스오피스 순위
30주차	롯데	마음이 2	696,382	54위
31주차	NEW	고死 두 번째 이야기: 교생실습	857,038	51위
32주차	CJ	아저씨	6,178,248	2위
33주차	쇼박스	악마를 보았다	1,817,063	27위

2011년 여름시즌 흥행 성적

시기	배급사	영화명	관객수(명)	박스오피스 순위
29주차	CJ	퀵	3,125,069	12위
	쇼박스	고지전	2,945,137	13위
30주차				
31주차	CJ	7광구	2,242,510	21위
	롯데	기생령	96,992	141위
32주차	롯데	최종병기 활	7,470,633	2위

2012년 여름시즌 흥행 성적

시기	배급사	영화명	관객수(명)	박스오피스 순위
30주차	쇼박스	도둑들	12,983,178	1위
	롯데	무서운 이야기	331,760	96위
31주차				
32주차	롯데	나는 왕이로소이다	790,181	65위
	NEW	바람과 함께 사라지다	4,909,937	6위
33주차	CJ	R2B: 리턴투베이스	1,201,944	46위

2013년 여름시즌 흥행 성적

시기	배급사	영화명	관객수(명)	박스오피스 순위
29주차	쇼박스	미스터고	1,328.888	46위
30주차				
31주차	CJ	설국열차	9,349.993	2위
	롯데	더 테러 라이브	5,584,139	9위
32주차				
33주차	NEW	숨바꼭질	5,604,103	8위

2012년 〈도둑들〉이 30주차에 개봉을 한다. 첫 주말관객수 2,004,142명, 2주말관객수는 이보다 많은 2,009,253명을 한다. 오히려 관객이 늘어났다. 이로써 31주차가 30주차 보다 시장이 좋다는 감을 잡게 된다. 이와 더불어 쇼박스(〈도둑들〉 배급사)는 여름시즌에는 첫 번째 타자로 나서는 게 유리하다는 것을 인지하고 이때부터 1번 붙박이 타자로 나서기 시작한다. CJ는 지난해 〈7광구〉에 이어 〈R2B: 리턴투베이스〉까지 기대작들이 줄줄이 실패하면서 쓴 맛을 보는 중이고, NEW는 새로운 플레이어로 등장하여 여러 가지 실험 중에 있다. 이번에도 공포영화는 흥행하지 못한다.

2013년 1번 붙박이 타자답게 쇼박스가 첫 타자로 나선다. 29주차에 엄청난 광고와 함께 〈미스터 고〉를 출전시킨다. 마치 아무도 덤비지 말라는 엄포와도 같아 보였다. 이번에도 초반부터 밀어붙여 여름시즌을 독차지하려는 전략이구나 싶었는데 의외의 상황이 벌어진다. 영화가 받쳐주지 못한다. 흥행에 참패하고 만다. 여름시즌 중 가장 좋다는 31주차 경쟁은 점점 더 치열해진다. 싸움의 주체는 CJ와 롯데로 무척이나 팽팽하다. 롯데가 밀어붙이며 31주차 붙박이 자리를 차지하려 하지만 CJ는 만만한 상대가 아니다. 결국 롯데가 밀리고 만다.

NEW의 전략이 보이기 시작한다. 경쟁자들과 다른 장르로 승부를 걸어보겠다는 일명 '카운터 프로그래밍' 전략을 들고 나온다. 성수기 시즌에 블록버스트급 영화들과는 전혀 다른 성향의 영화를 내세워 시장을 공략하는 전략이다. NEW는 공포영화를 들고 나온다. 몇 년 동안 여름 시장을 공략했지만 이렇다 할 흥행을 하지 못하고 있었는데, 이번에는 달랐다. 〈숨바꼭질〉이 흥행에 성공한다. 이때만 해도 영화들이 최소 2주차 간격을 두고 개봉되었다. 서로 피해도 덜 주고 자기 영화도 충분히 관객을 확보할 수 있는 방식으로 여겨졌던 것이다. 이런 배려는 이때가 마지막이 되고 만다.

2014년 여름시즌 흥행 성적

시기	배급사	영화명	관객수(명)	박스오피스 순위
30주차	쇼박스	군도:민란의 시대	4,774,931	9위
31주차	CJ	명량	17,613,682	1위
32주차	롯데	해적:바다로 간 산적	8,666,046	4위
33주차	NEW	해무	1,475,507	40위

2014년 쇼박스가 이번에도 1번 타자로 나서고, 지난해 경쟁에서 이긴 CJ가 한 주 뒤인 31주차를 차지한다. 롯데는 일단 후퇴한 상태에서 32주차를, 그리고 극장도 돈도 없는 NEW가 33주차를 택한다. 그렇게 각각 1주차로 자리를 잡는다.

쇼박스는 1번 타자가 항상 좋은 것만은 아니라는 것을 절실하게 느낀다. 〈군도: 민란의 시대〉는 시장 붐업만 시켜주고 정작 본인은 실속을 차리지 못하고 만다. 롯데는 31주차를 빼앗겨 속이 편치 않지만, 여름시즌에 2등만 해도 800만 이상을 한다는 것을 알게 된다. 때에 따라서는 2등 전략[23]도 가능한 것

---

23) 처음부터 2위를 목표로 하는 흥행 전략으로 1등을 매진시켜 2등으로 관객을 돌리는 데 포인트가 있다. 따라서 1등 영화를 얼마나 빨리 매진시키느냐에

이다. 다만 이것은 극장을 가지고 있어야만 가능한 전략이다. NEW는 이번에도 차별화된 전략으로 〈해무〉를 들고 나온다. 일단 자리는 잘 지키고 있는 모습이다.

여름시즌은 경쟁이 매우 치열한 만큼 스크린 확보 전쟁이 그 어느 때보다 심하게 벌어진다고 앞서 이야기하였다. 극장을 가지고 있다면 스크린을 확보하는 데 있어 당연히 유리한 싸움이 될 수밖에 없다. CJ와 롯데는 극장을 가지고 있다. 쇼박스와 NEW는 극장이 없다. 쇼박스와 NEW가 택할 수 있는 전략은 먼저 개봉하거나 가장 늦게 가는 방법밖에 없다.

2014년부터 매년 박스오피스 1위가 여름시즌에서 나오기 시작한다.

2015년 여름시즌 흥행 성적

시기	배급사	영화명	관객수(명)	박스오피스 순위
30주차	쇼박스	암살	12,705,700	2위
31주차				
32주차	CJ	베테랑	13,414,009	1위
33주차	롯데	협녀, 칼의 기억	431,310	71위
34주차	NEW	뷰티 인사이드	2,053,435	31위

2015년의 특이한 점은 그 좋은 31주차를 아무도 선택하지 않았다는 것이다. 여기에는 CJ의 영리함이 숨어 있다. 〈암살〉

승패가 달려 있다. 1등을 빨리 매진시키려면 상영회차가 적든지, 좌석수가 적든지 해야 한다. 1등 영화가 충분히 흥행세가 강하고 2등 영화도 최대한 상영회수를 확보해야 성공 확률이 높아진다.

은 변수가 없는 한 천만은 갈 것이라 예상되다 보니 〈암살〉의 2주차 경쟁은 쉽지 않아 보인다. 하지만 3주차 경쟁은 할만해 보인다. 3주차로 접어든 〈암살〉의 흥행세는 300만 수준이 될 것이다.(실제로 〈암살〉은 2주 만에 740만을 하여 〈베테랑〉 개봉 당시 잠재 관객 약 300만 정도의 세를 보인다.) 여름시즌 전체관객 사이즈는 약 5천만이다. 초반은 양보하고 후반만 챙겨도 관객 확보에는 문제가 없다고 판단하였을 것이다. 이 전략은 제대로 먹혀 〈베테랑〉은 여름시즌 후반 시장을 독차지하며 2015년 박스오피스 1위를 차지한다.

롯데는 〈협녀, 칼의 기억〉을 들고 나오는데, 어느 쪽으로도 갈 곳이 없다. 자기 자리(32주차)마저 CJ에게 빼앗기고 나서 밀고 들어간 것이 NEW의 자리다. 하지만 그 자리는 하필 〈베테랑〉과 1주밖에 차이가 나지 않는다. CJ는 영리하게 천만영화로 예상되는 〈암살〉을 피해 2주 간격을 두고 개봉했는데, 롯데는 〈베테랑〉의 진가를 알아보지 못해 제대로 파묻히고 만다.

이쯤 되면 블록버스터급 영화로 인해 관객의 피로도가 극에 달한 상태. 그 자리에 NEW가 〈뷰티 인사이드〉를 들고 나온다.

2016년 여름시즌 흥행 성적

시기	배급사	영화명	관객수(명)	박스오피스 순위
30주차	NEW	부산행	11,565,479	1위
31주차	CJ	인천상륙작전	7,049,643	6위
32주차	롯데	덕혜옹주	5,599,229	9위
33주차	쇼박스	터널	7,120,508	5위

카운터 프로그래밍 전략이 제대로 먹힌다. 롯데에 밀려 34주차에 개봉한 것이 오히려 운이 틘운 꼴이다. 2015년 여름시즌은 한 편도 나오기 힘든 천만영화가 두 편이나 나온 해가 된다.

2016년에는 의외의 선수가 1번타자를 자청한다. 여태껏 여름 시장에서 카운터 전략만 사용하던 NEW다. 뭔가 있지 않고서는 저렇게 당당할 수 없다. NEW는 30주차에 〈부산행〉을 들고 나온다. 이전 경험에 비추어 볼 때 시장 독식을 원한다면 30주차를 택해야 한다. 경쟁작이 없을 때 충분히 먹고 나서 그 여세로 밀고 나가는 전략이다. 〈부산행〉은 1주 만에 600만을 넘긴다. 엄청난 기세다. 2주차에 〈인천상륙작전〉에 밀려 2위로 내려왔지만 천만 전선에는 이상무다.

CJ는 역시 31주차를 지키며 〈인천상륙작전〉을 출전시킨다. 영화는 초반 기세가 전부였다. 바로 힘이 빠지고 만다. 여름시즌만 아니었다면 이 정도까지 될 영화는 아니었던 것이다. 한 주 뒤 〈덕혜옹주〉가 약했던 것도 천만다행이다. 이 시즌은 관객이 넘치다 보니 경쟁영화가 약하면 역으로 덕을 보는 수도 있다.

이번에는 쇼박스가 마지막 주자로 〈터널〉을 들고 나온다. 다행히 〈부산행〉, 〈인천상륙작전〉과 〈덕혜옹주〉가 힘이 빨리 빠진 상태라서 관객 유치가 가능해졌다. 33주차에 개봉했지만 여름시즌 영화 중에서 박스오피스 2위를 차지한다.

2017년에는 CJ가 시장 독식을 노리고 30주차를 택해 〈군함도〉를 개봉시킨다. 작년 〈부산행〉과 유사한 기세로 시작한다.

2017년 여름시즌 흥행 성적

시기	배급사	영화명	관객수(명)	박스오피스 순위
30주차	CJ	군함도	6,592,151	6위
31주차	쇼박스	택시운전사	12,186,327	1위
32주차	롯데	청년경찰	5,653,270	7위
33주차	NEW	장산범	1,306,438	51위

이 영화도 천만영화가 될 것처럼 보였지만 〈명량〉과 〈인천상륙작전〉에 이어 〈군함도〉까지 CJ가 여름시즌에 내놓은 영화들에 대하여 관객들이 의문을 제기한다. 초기 관객(위험을 감수하는 소중한 관객)으로는 천만영화의 세를 보였지만 2차 관객(모방 관객)이 그만 등을 돌리는 바람에 잠재적 관객의 거의 전부가 한 주 뒤에 개봉한 〈택시운전사〉로 갈아타게 된다. 이런 결과로 인해 〈택시운전사〉의 천만 흥행이 순탄해지게 된다.

32주차를 택한 롯데는 지난해까지 연속해서 사극으로 승부를 걸었지만 큰 재미를 보지 못했다. 이번에는 전략을 바꿔 〈청년경찰〉을 들고 나온다. 〈택시운전사〉의 흥행으로 인해 밀릴 수도 있었으나 의외의 성과가 나온다. 여름 시장에 코미디 시장이 있음을 확인한 계기도 되었지만 관객들이 뭔가 새로운 것을 기대하고 있는 것은 아닐까 하는 의문을 제기하게 된다. NEW는 다시 한 번 공포영화로 승부를 건다. 하지만 이번에는 앞서 재미를 본 〈숨바꼭질〉을 뛰어넘지 못한다. 같은 감독에 같은 공포 장르인데, 아마도 뒤가 막힌 배급이라 그랬을 것이다. 한 주 뒤에 〈브이아이피〉가 개봉되었다.

2018년 여름 시장에서 〈신과 함께: 인과 연〉의 흥행은 의심

2018년 여름시즌 흥행 성적

시기	배급사	영화명	관객수(명)	박스오피스 순위
30주차	워너	인랑	898,945	58위
31주차	롯데	신과 함께: 인과 연	12,274,996	1위
32주차	CJ	공작	4,974,520	13위
33주차	NEW	목격자	2,524,720	28위

할 여지가 없었다. 불과 7개월 전에 1편인 〈신과 함께: 죄와
벌〉이 천만을 넘겼기 때문이다. 경쟁영화들이 깊은 시름에 빠
진다. 이 영화에 앞서 개봉하자니 막힌 배급이 될 것이고, 앞보
다는 뒤가 낫지만 뒤로 갈수록 흥행은 약해질 터이고. 결국 〈인
랑〉이 텃세에 밀려 30주차에 먼저 개봉된다. 거대한 산이 뒤를
막고 있는 상황, 역시나 막힌 배급이다 보니 첫 주 흥행으로 끝
나고 만다.

롯데는 호시탐탐 노리던 31주차를 〈신과 함께: 인과 연〉으
로 인해 차지한다. 잘만 하면 그냥 천만을 가는 명당자리다. 역
시나 천만을 넘긴다. 2014년에 〈명량〉이 천만을 넘긴 이후 연
속적으로 여름시즌에 천만이 나오고 있다. 롯데 입장에서 이제
남은 것은 이 자리를 보존하는 것인데, 그게 가능할지?

〈공작〉과 〈목격자〉는 여름시즌의 후반 관객을 노린다. 〈신
과 함께: 인과 연〉이 여전히 기세등등한 상황이다. 그런 중에도
〈공작〉이 먼저 기선을 제압하는 바람에 후발 주자인 〈목격자〉
는 이렇다 할 힘을 쓰지 못하고 만다. 배우 이상민의 더블 출연
도 영향을 미친 것으로 보인다. 둘 다 조연이면 모르겠지만
〈목격자〉에서는 확고한 주연이었다.

매주 한 편 이상씩 영화가 개봉되다 보면 경쟁은 어쩔 수 없이 치열해진다. 특히 30주차에서 33주차라는 이 짧은 시기에 엄청난 관객이 몰리다 보니 여름시즌의 경쟁은 늘 치열하다. 여름시즌의 1주차 경쟁은 나만 살아남으면 된다는 나 홀로 생존 전략이 판을 친다. 결과적으로 소수의 승리자와 다수의 패배자를 양산하게 되고 결국 관객이 아닌 몇몇 대형 배급사에 의해 시장이 좌지우지되게 된다. 이런 대형 배급사들이 엄청난 제작비를 쏟아 부은 블록버스터로 승부하게 되면서 판돈은 커져가고 위험 부담 역시 커져만 가고 있다. 거기에 극장을 가진 배급사와 없는 배급사 간의 격차도 극명하게 나타나는 상황이다. 이 시장은 아무나 들어가지 못하는 시장이 되고 있으며 아무나 껴주지도 않는 시장이다.

여름시즌은 광복절이 끼어 있는 33주차까지 관객이 유지되다가 34주차 이후 하강한다. 학생들의 개학과 계절의 변화로 인한 이 하강곡선은 이후 추석 시즌에 다시 상승을 시작한다.

치열했던 2014년 여름시즌 복기

2014년 여름을 좀 더 자세히 들여다보자. 배급사 간에 한 주차 승부가 벌어진다. 배급사들은 자신이 보유한 최고의 용사들을 출전시킨다. 〈군도: 민란의 시대〉(이하 〈군도〉), 〈명량〉, 〈해적: 바다로 간 산적〉(이하 〈해적〉), 〈해무〉. 하필 세 편의 영화가 사극액션으로 장르가 겹치고 있다. 피비린내 나는 한판 승부가 불가피해졌다.

2014년 여름시즌 개봉한 쇼박스의 〈군도: 민란의 시대〉, 씨제이의 〈명량〉, 롯데의 〈해적: 바다로 간 산적〉, NEW의 〈해무〉

　〈군도〉를 출전 대기 중인 쇼박스는 고민에 빠진다. 2011년부터 여름시즌 첫 주자로 나섰던 터라 이번에도 30주차를 노릴 생각이다. 그런데 7월에 개봉시킬 영화가 한 편 더 있었다. 〈신의 한수〉. 폭스의 〈혹성탈출: 반격의 서막〉이 29주차를 선택하면서 〈신의 한수〉는 2주 앞선 27주차를 택한다. 〈군도〉와도 3주 간격이 되니 퍼펙트다. 그런데 아닌 밤중에 홍두깨라고 느닷없이 〈혹성탈출: 반격의 서막〉이 개봉일을 한 주 앞당기는 사태가 발생한다. 〈신의 한수〉 입장에서는 뒤가 꽉 막힌 외통수가 되는 상황, 뒤통수를 얻어맞은 〈신의 한수〉는 최종관객수 357만에 만족해야 했다. 쇼박스는 부글부글 끓는 화를 참고 〈군도〉에 집중한다. 〈군도〉는 여름시즌 첫 주자인 만큼 주어진 찬스를 제대로 활용할 생각이다. 최대한 상영회수를 확보하는 것이 우선과제이다. 잘만 하면 3주차로 넘어온 〈혹성탈출: 반격의 서막〉도 잡을 수 있다. 첫날 상영회수 6,252회를 확보한다. 이 정도면 절반의 성공이라고 생각했는데 이어서 토요일

7,119회까지 확대된다. 개봉 첫날 55만을 하며 시장 점유율 75%를 넘긴다. 그 기세를 몰아 첫 주말관객수 212만을 친다. 초대박 흥행 영화 스코어가 나왔다. 2년 전 〈도둑들〉이 30주차에 개봉되어 첫 주말관객수 200만을 하며 천만을 넘겼는데, 이보다 더 많이 들었다. 그런데 주중으로 접어들면서 〈도둑들〉에 미치지 못하는 모습을 보인다. 자체 흥행성 하락이 심해지는 모습이다. 하지만 초반 기세가 워낙 셌던 터라 포기하기는 이르다. 2주말에 어느 정도 치고 올라가면 최소 600만까지는 가능한데.

그런데 흔치 않는 일이 벌어진다. 그 폭발적인 첫 주말 흥행세 가지고 2주차에 산봉우리를 만들지 못하는 일이 발생한 것이다. 이런 경우는 이 영화가 처음이다. 왜 이런 일이 벌어진 걸까? 〈신의 한수〉와 마찬가지로 〈군도〉도 뒤가 꽉 막힌 배급이 되고 말았기 때문이다. 바로 1주 후에 〈명량〉이 개봉되면서 〈군도〉의 일일상영회수가 반 토막이 나고 만다. 총알이 바닥난 상태에서 각종 폭격기로 무장한 〈명량〉을 이기기란 불가능하다. 30주차 개봉은 시장을 독식할 정도의 힘을 갖추지 않고서는 함부로 덤벼서는 안 되는 날짜라는 것이 확실해졌다.

〈군도〉는 1주차 토요일 7,119회, 2주차 토요일 2,231회의 상영회수를 기록한다. 상식적으로 망작도 아닌데 한 주 만에 상영회수가 반 토막이 나다니 의외다. 첫 주말관객수 200만을 넘기는 영화는 일 년에 3편이 나올까 말까하다. 극장이 없는 설움이라고나 할까? 불행하게도 〈군도〉는 〈명량〉의 개봉으로 흥행

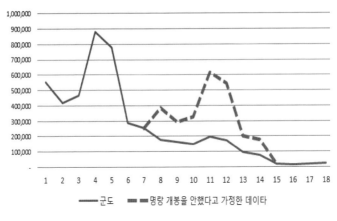

<군도: 민란의 시대>의 흥행 그래프

범례: 군도 / 명량 개봉을 안했다고 가정한 데이타

이 저지되고 만다. 상영회수만 반 토막이 안 났어도 <군도>는 다음 그래프의 점선과 같은 흥행 곡선을 그릴 수 있었을 것이다. <군도>는 이렇게 자신의 잠재적 관객(점선 안의 관객)을 잃게 된다. 그럼 이 관객은 다 어디로 갔을까?

CJ는 연중 가장 잘 든다고 하는 31주차에 당당히 <명량>을 출전시킨다. 호시탐탐 기회를 노리는 롯데를 밀어내고 제대로 한번 터트릴 기회가 왔다고 보았다. 문제는 앞서 개봉된 <군도>다. <군도>가 셀 경우 어쨌거나 타격을 받을 수밖에 없다. 여름시즌에는 한번 터지면 거의 핵폭탄 수준이라 그 틈바구니를 비집고 들어가기란 여간 힘든 게 아니다. 드디어 <군도>가 개봉된다. <도둑들>보다 많이 들어버린다. 계산이 복잡해진다. 그런데 주중으로 넘어오면서 빈틈이 보이기 시작한다. 이 기회를 놓칠 리 없다. 개봉 날 모든 전력을 다 쏟아 붓는다.

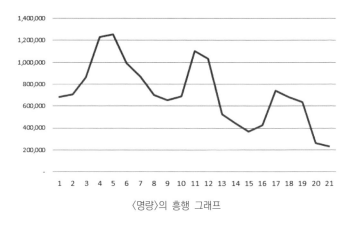

〈명량〉의 흥행 그래프

〈군도〉의 상영회수를 반 토막 내면서까지 스크린이고 상영회수고 죄다 차지하고 만다. '신에게는 아직 열두 척의 배가 남아 있습니다.'가 아닌 '우리에게는 CGV가 있습니다.'라며 선전포고를 하는 듯하다. 일일상영회수 7,963회! 지금껏 없던 어마어마한 숫자다. 1,587개의 스크린에서 거의 8000회를 뽑아낼 정도로 초토화를 시키고 있는데 누가 대적할 수 있단 말인가? 이 모습은 마치 개봉하자마자 바로 천만영화가 된 것 같아 보였다. 개봉 첫날 68만, 첫 주말관객수 336만으로 지금껏 없던 기록이 나오더니 개봉 12일 만에 천만을 돌파한다.

붐업이 되면 관객이 평소보다 많아진다. 〈명량〉이 지닌 자체 흥행세도 주효했지만 〈군도〉가 사전에 시장을 붐업 시켜 준 부분이 흥행에 크게 일조했다고 볼 수 있다. 〈군도〉가 개봉된 30주차 주말전체관객수 343만, 1주 후 〈명량〉이 개봉되었던 31주차 주말전체관객수는 507만으로 1주 사이에 약 150만 명

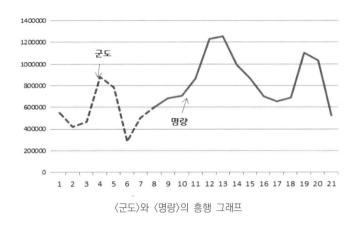

〈군도〉와 〈명량〉의 흥행 그래프

의 관객이 는다. 과연 이 숫자를 〈명량〉이 개봉했다는 이유만
으로 설명할 수 있는 것일까? 결코 혼자 힘으로는 어려웠을 것
이다. 이는 〈군도〉의 붐업 덕분인데, 그 덕을 〈명량〉이 독차지
한다. 상영회수에서 압도적이었기 때문이다.

　〈군도〉와 〈명량〉의 관객수 그래프를 합치면 위와 같은 그래
프가 나온다. 이 그래프는 1위 영화로 움직이는 관객들의 모습
이라고도 할 수 있는데 이렇게 자연스럽게 관객이 늘어났고 이
역할을 〈군도〉가 해 주었다고 보는 것이다. 〈군도〉의 하정우
와 강동원이 북 치고 꽹가리 치며 요란스럽게 바람을 잡으니
좋은 구경거리가 생긴 줄 알고 사람들이 몰려나와 쭉 깔린 좌
판을 구경하는 이들로 시장이 북적거리는데, 정작 〈군도〉의 좌
판은 초라하기 그지없고 옆에 두 배나 큰 좌판이 눈에 들어온
다. 그곳으로 사람들이 몰려간다. 바로 〈명량〉이다. 상품이 너
무 비슷했던 것도 이유가 될 수 있지만 좌판의 크기로 인해 관

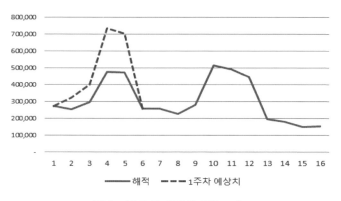

<해적: 바다로 간 산적>의 흥행 그래프

객을 빼앗긴 것이다.

　31주차 경쟁에서 밀린 롯데가 32주차에 <해적>을 들고 나온다. 그래프를 보면 두 번째 산봉우리가 첫 번째보다 높은 역주행 흥행이다. <해적>은 어떻게 '역주행 흥행'을 할 수 있었을까? 답은 간단하다. <명량> 때문이다. <명량>과 <해적>은 액선사극에 '가족형 영화'라는 공통분모를 가지고 있다. <군도>보다 더 경쟁이 치열할 수 있는 상황이다. 개봉 당시 <명량>은 <군도>보다 많은 스크린과 상영회수를 확보했지만, <해적>은 그렇지 못했다. 첫날 상영회수 3,970회로 <명량> 개봉일에 <군도>가 확보했던 3,751회를 조금 넘긴 정도다.

　여름시즌은 상영회수(스크린보다 상영회수가 더 중요하다)를 확보하는 것이 무엇보다 중요하다. 전쟁에 나가는데 화력이 적군보다 못하면 승산이 없는 것과 같다. 첫 주말에 <해적>은 약 125만을 한다. <명량>은 282만을 한다. 두 배 차이다. 하지만 〈해적〉이 그렇게 약한 영화는 아니었다. 개봉 10일째 되는 날 일일 최고 성적인 52만이 들더니 16일째 되는 날 박스오피스 1위를 차지한다. 역주행 흥행을 시작한 것이다. 〈해적〉은 파장 분위기의 시장에 다시 흥을 돋우는 역할을 한다. 덕분에 시장은 다시 북적거린다. 폭 넓은 관객층을 대상으로 하는 영화가 동시에 경쟁할 경우 시장 자체가 커지면서 모든 영화를 수용하는 경우가 종종 있다.

하지만 이렇게 다시 붐업된 시장에서 덕을 본 것도 역시 〈명량〉이다. 이로 인해 〈명량〉은 역대 박스오피스 1위라는 영광을 차지하게 되고, 〈해적〉도 867만으로 여름시즌에서 2위를 차지한다. 〈해적〉은 금방치고 빠져야 하는 전쟁터에서는 가능하면 폭넓은 연령대의 관객에게 어필하는 영화가 유리하다는 것을 가르쳐 주었다. 〈해적〉의 2주차 관객수를 기준으로 1주차 관객수를 추론한 것이 위 그래프의 점선 부분이다. 이 부분도 〈명량〉으로 이동한 것으로 보인다.

'바람이 그친 뒤에 돛을 올려봤자 배는 나아가지 못하는 법.' 여름시즌의 끝인 33주차에 NEW가 〈해무〉를 들고 나온다. NEW는 4대 배급사 중 가장 늦게 출발했지만 2013년에는 점유율 1위를 차지하기도 한 저력 있는 회사다. 그런데도 여름 시장에서는 늘 카운터 전략을 들고 나와 33주차를 공략하다 보니 경쟁자들보다 먹을 것이 적을 수밖에 없다.

〈해무〉는 첫 주말관객수 59만으로 〈군도〉, 〈명량〉, 〈해적〉과 비교해서 큰 차이를 보인다. 거기에 개봉하면서 3위로 시작

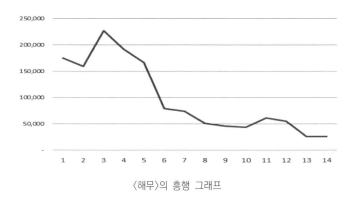

〈해무〉의 흥행 그래프

하다 보니 아무리 관객이 극장에 많이 나온다고 해도 1위와 2위로만 쏠리는 극장가에서 흥행 가능성은 희박해질 수밖에 없다. 〈해무〉가 가진 불리함을 배급사는 극복하지 못했다. 〈명량〉의 2주 뒤, 〈해적〉의 1주 뒤, 거기에 〈해적〉이 뒤늦게 흥행 궤도까지 타버렸으니 이 와중에 버텨내기란 쉬운 일이 아니다. 차트를 보아도 지리멸렬한 그래프를 그리고 있다.

〈해무〉는 굳이 이 날 개봉하지 않아도 되지 않았을까? 정작 문제는 추석이 일렀다는 것이다. 추석영화들이 9월 4일부터 시작되다 보니 딱히 갈만한 날짜가 없었던 것으로 보인다.

3. 겨울시즌

겨울시즌은 특수로 이어진 시장이다. 크리스마스, 연말 그리고 신년 특수가 바로 그것이다. 시기적으로 보면 12월 중순에서 시작하여 해를 넘겨 흥행되는 시즌으로 몇 년 전까지만 하

최근 5년간 겨울시즌 관객수

년도	겨울시즌 관객수	비율	비고
2014년	31,451,796	14.5%	겨울시즌은 해를 넘겨 이어지기 때문에 전체관객수에서 차지하는 비율은 평균치로 계산하였다.
2015년	24,934,047	11.5%	
2016년	29,481,776	13.6%	
2017년	33,623,616	15.5%	
2018년	27,519,784	12.7%	

더라도 설 영화들이 개봉되는 시점까지 이어졌지만 최근에는 그 흥행 기간이 짧아지면서 평균적으로 1월 셋째 주까지 진행되고 있다. 주차로 말하면 50주차에 시작해서 이듬해 3주차까지다. 지난 5년간 겨울시즌 전체관객수 평균은 약 3,000만으로 연중 전체관객수의 13.5%를 차지하고 있다.

이 시장을 무시할 수 없는 것이 1년 중 가장 잘 든다는 성탄절 휴일이 포함되어 있기 때문이다. 이날 하루만 평균적으로 약 193만 정도가 극장을 찾는다. 그리고 바로 일주 후에는 신정 연휴가 이어진다. 이런 휴일로 인해 관객 증가 현상이 나타나고 있다.

겨울시즌의 특징 중 하나는 성탄절을 기준으로 갑자기 관객이 증가한다는 것이다. 주말관객수 순위를 보면 50주차는 전체 52주차에서 26위였다가 51주차에 갑자기 6위로 급상승한다. 여름 시장의 최고점인 31주차와 겨울 시장의 최고점인 51주차는 각각 한 주 앞선 30주차와 50주차에서 상당한 차이를 보인다. 30주차는 전체 52주차에서 5위, 50주차는 26위이다. 차이가 크다. 흥행판에서는 첫 주말관객수가 중요하다. 여름시즌

최근 5년간의 겨울시즌 흥행 성적(박스오피스 1위와 2위)

년도	1위	2위
2014년	국제시장(1426만)	기술자들
2015년	히말라야(776만)	대호
2016년	마스터(715만)	당신, 거기 있어 줄래요
2017년	신과 함께: 죄와 벌(1441만)	1987
2018년	마약왕(186만)	PMC: 더 벙커

30주차는 노려볼만한 날짜이지만 겨울시즌 50주차는 전체관객이 적어 위험성이 크다. 이런 현상은 성탄절 특수 관객인 데이트 관객이 크리스마스이브를 기점으로 움직이기 때문으로 보인다. 따라서 이 데이트 관객을 잡는 영화가 당연히 흥행 가능성이 높아지는데, 주로 따듯한 드라마 장르에 관객이 몰리는 현상이 나타나고 있다.

관객은 성탄절에 최고점을 찍은 다음 서서히 줄어들다가 1월 1일 다시 한 번 반짝 하고는 하향 곡선을 그린다. 영화의 힘에 따라 종영이 다르게 나타나지만 보통은 1월 둘째 주나 셋째 주까지 이어진다. 주말 전체관객수로 보면 12월말, 즉 52주차 주말에 가장 관객이 많다.

설 연휴까지 이어지면서 흥행한 영화들

- 〈왕의 남자〉: 3주 동안 주말 1위를 하다가 설 영화인 〈투사부일체〉와 1위와 2위를 오가며 3월초까지 흥행하였다.
- 〈아바타〉: 6주 동안 주말 1위를 하다가 설 연휴를 넘겨서까지 흥행하였다.

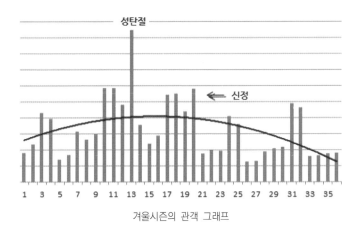

겨울시즌의 관객 그래프

- 〈변호인〉: 4주 동안 주말 1위를 하다가 설 연휴를 넘겨서 까지 흥행하였다.
- 〈국제시장〉: 5주 동안 주말 1위를 차지하다가 설 연휴를 넘기고 2월 19일까지 흥행하였다.
- 〈신과 함께: 죄와 벌〉: 3주 동안 주말 1위를 하다가 설 연휴가 시작되는 2월 14일까지 흥행하였다.

12월이 지나고 새해로 접어들면 어느 시점에 관객이 바뀌는 현상이 나타난다. 이러한 현상은 다른 시즌과 확연히 구별되는 점이라 하겠다. 12월의 메인 관객이라 할 수 있는 데이트 관객들이 빠지고 그 자리를 방학을 맞은 학생 관객들이 채우다 보니 겨울시즌 용 외국영화는 12월에, 할리우드 대작 애니메이션은 1월에 개봉시키고 있다. 이러한 현상으로 인해 한국영화들은 12월에는 외국영화와 그리고 1월에는 애니메이션과 경쟁해야

겨울시즌에 개봉된 외국영화와 애니메이션

년도	12월 개봉작	1월 중순 개봉작
2011년	〈미션 임파서블 4〉〈셜록 홈즈 2〉	〈메가 마인드〉
2012년	〈레미제라블〉	〈장화 신은 고양이〉
2013년	〈호빗 2〉	
2014년	〈호빗 3〉	〈겨울 왕국〉
2015년	〈스타워즈: 깨어난 포스〉	〈빅 히어로 6〉
2016년	〈로그원: 스타워즈 스토리〉	〈굿 다이노〉
2017년	〈스타워즈: 라스트제다이〉	〈모아나〉
2018년	〈아쿠아맨〉	〈코코〉

한다. 특히 한국영화 중 12세 이상 관람가 영화는 12월과 1월에 각각 치열한 경쟁을 치루기도 한다. 이런 예측불허의 경쟁 구도는 겨울시즌 박스오피스 순위를 다양하게 하고 있다. 한편 새해에 맞춰 1월 첫 주에 개봉한다는 전략은 달력상에서만 가능한 개념이지 흥행판은 상황이 다르다. 이유는 간단하다. 앞서 겨울시즌 대작들이 넘어가는 길목에 놓여 있기 때문이다.

1월 첫째 주에 개봉된 영화들

- 〈심장이 뛴다〉: 2011년 1주차 개봉. 1주 전 개봉된 〈라스트 갓파더〉에 밀려 2위로 시작한다. 최종관객수 100만.
- 〈원더풀라디오〉: 2012년 1주차 개봉. 3주 전 개봉된 〈미션 임파서블〉에 밀려 2위로 시작한다. 최종관객수 98만.
- 2013~2014년 개봉영화 없음
- 〈개를 훔치는 완벽한 방법〉: 2015년 1주차 개봉. 2주 전 개봉된 〈국제 시장〉과 1주 전 개봉된 〈기술자들〉, 〈상의원〉

등에 밀려 7위로 시작한다. 최종관객수 31만.

- 〈조선마술사〉: 2016년 1주차 개봉. 2주 전 개봉된 〈히말라야〉, 〈대호〉에 밀려 3위로 시작한다. 최종관객수 63만.

- 〈사랑하기 때문에〉: 2017년 1주차 개봉. 2주 전 개봉된 〈마스터〉 등에 밀려 4위로 시작한다. 최종관객수 23만.

- 〈언니〉: 2019년 1주차 개봉. 2주 전에 개봉된 〈마약왕〉, 〈스윙키즈〉, 1주 전 개봉된 〈PMC: 더 벙커〉에 밀려 5위로 시작한다. 최종관객수 20만.

1주차 개봉 영화 중 최고 기록은 〈심장이 뛴다〉의 100만이다.

겨울시즌의 특징을 그대로 보여준 2017년

2017년 겨울시즌에 NEW는 〈강철비〉를, 롯데는 〈신과 함께: 죄와 벌〉을, 그리고 CJ는 〈1987〉을 가지고 전쟁에 나선다. 모든 준비를 마친 상태에서 개봉일을 가지고 치열한 눈치 싸움이 시작된다. 먼저 갈지 아니면 늦게 갈지, 맞붙을지를 놓고 〈강철비〉, 〈신과 함께: 죄와 벌〉, 〈1987〉이 모두 고민해 빠진다. 〈신과 함께: 죄와 벌〉의 흥행세가 만만치 않으리라는 것은 다른 배급사들도 감을 잡은 상태다. 이 영화가 개봉일을 먼저 확정하면 어떻게든 해법을 찾을 수 있을 것 같은데, 〈신과 함께: 죄와 벌〉은 50주차와 51주차 놓고 계속 저울질 중에 있다.

〈신과 함께: 죄와 벌〉의 고민을 덜어주고 싶어서였을까? 〈강철비〉가 먼저 50주차 개봉을 결정해 버린다. 정면승부를 피하고 한 주 먼저 개봉하여 관객을 확보하겠다는 전략이다.

2017년 겨울시즌에 맞붙은 〈강철비〉, 〈신과 함께: 죄와 벌〉, 〈1987〉

이로써 순서가 정해진다. 〈신과 함께: 죄와 벌〉은 51주차, 〈1987〉은 52주차를 선택한다.

앞서 이야기한 것처럼 50주차는 크리스마스 영화 관람을 위해 아직은 주머니를 닫고 있는 주다. 그럼에도 불구하고 남들보다 먼저 개봉시킨다는 것은 경쟁작이 없는 상태에서 관객을 확보하려는 것이다. 하지만 전체 관객이 적다면? 전체 관객수를 늘리기 위해서는 마케팅으로 관객을 끌어올리는 수밖에 없다. 물불 가리지 않고 홍보와 마케팅을 펼치기 시작한다. 그 덕분일까? 첫 주말 1위를 하면서 관객수 138만을 넘긴다. 같은 해 여름 〈청년경찰〉이 첫 주말 133만을 하고 최종관객수 565만을 했으니 이 정도면 최종관객 500만 이상 가는 중급 흥행이 기대되는 상황. 문제는 2주차에 개봉되는 〈신과 함께: 죄와 벌〉과의 한 판 승부다. 여기서만 잘 버텨내면 기대할 만하다.

예상된 일이지만 〈신과 함께: 죄와 벌〉은 막아둔 물이 일시

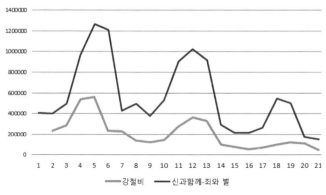

<강철비>와 <신과 함께: 죄와 벌>의 흥행 비교

에 천길 골짜기로 쏟아지듯 치고 나간다. 첫 주말관객수 273만을 기록하며 초대박 흥행을 시작한다. 그 와중에 <강철비>도 주말관객수 78만을 한다. 1주차 대비 43% 드롭이다. 이 정도면 선방이다. 이제 남은 것은 3주차에 개봉되는 <1987>이다. 3주차는 더 힘겹다. <신과 함께: 죄와 벌>, <1987>과 함께 벌이는 3파전이기 때문이다. 2주차에 이미 젖 먹던 힘까지 쏟아 부어서 그랬을까? 급 하락하여 3주말관객수는 29만에 머물고 만다.

29만은 시장과 작별해야 한다는 신호다. 결국 <강철비>는 최종관객수 445만에 만족해야만 했다. 그래프 상으로도 차이는 극명하다. 그만큼 <신과 함께: 죄와 벌>은 센 영화였다. <신과 함께: 죄와 벌>은 첫 주 1위를 하면서 주말관객수 273만을 한다. 2주말관객수 246만, 3주말관객수 132만. 3주말관객수가 <강철비>의 첫 주말관객수와 맞먹는다. 흥행에서 이렇게 힘 좋은 영화와 경쟁한다는 것은 참으로 불행한 일이다.

〈신과 함께: 죄와 벌〉이 51주차를 택한 것은 정말 탁월한 선택이었다. 관객이 북적거릴 때 들어간다는 것은 관객이 없을 때 들어가 힘들게 시작하는 것보다 백배 낫다. 흥행판에서 만용은 최대금물이다. 〈신과 함께: 죄와 벌〉는 그해 최고의 흥행을 기록한다. 최종관객수 1441만을 한다.

'진지를 잘 구축해야 흥행도 가능하다.'

CJ가 배급한 〈1987〉은 52주차를 택한다. 겨울시즌 막차이기도 하지만 3주차로 접어든 〈강철비〉와 2주차로 접어든 〈신과 함께: 죄와 벌〉과 경쟁해야 하는 상황이다. 〈신과 함께: 죄와 벌〉이 흥행몰이를 하는 중이라 방어라도 제대로 해야 하는 상황이었다. 방어가 제대로 안 되면, 폭망할 가능성이 있다. 진지 구축이 필요하다. 〈신과 함께: 죄와 벌〉까지는 아니더라도 상영회수를 어느 정도는 확보해야 한다. 다행히 독과점을 의식한 〈신과 함께: 죄와 벌〉이 상영회수를 50% 안쪽으로 유지해준 덕분에 〈1987〉은 상영회수 30% 확보에 성공한다. 이제는 지키는 것만 남았다. 첫 주말에 135만을 한다. 〈강철비〉의 첫 주말 성적인 138만과 비슷한 수준인데 최종관객수를 보면 〈강철비〉 445만, 〈1987〉 723만을 한다. 과연 어디서 이런 차이가 났을까?

겨울시즌은 중간에 관객이 변하는 특징을 가지고 있다. 이로 인해 〈1987〉의 성적이 〈강철비〉보다 좋아진 것인데, 좀 더 구체적으로 2주말과 3주말 성적을 살펴보자. 〈1987〉의 2주말관

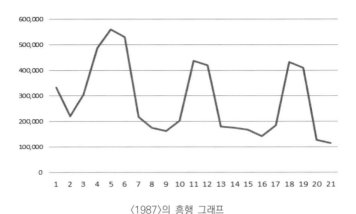

〈1987〉의 흥행 그래프

객은 106만, 3주말관객은 103만이다. 2주말이 1주말 대비 21%의 드롭을 한 것에 비해 2주말과 3주말은 차이가 없다. 보통은 2주말 드롭과 비슷하거나 더 크게 떨어지는 것이 일반적이다. 이런 현상은 관객 변화에서 찾을 수 있다. 3주차에 새로운 관객들이 유입되면서 흥행에서도 변화가 생긴 것이다. 심지어 1주차, 2주차에도 못한 박스오피스 1위를 3주차에 하게 된다.

그러면 이런 현상이 일어난 주원인은 무엇일까? 〈신과 함께: 죄와 벌〉이 거둔 엄청난 흥행의 여파라고 할 수 있다. 〈신과 함께: 죄와 벌〉의 흥행이 겨울시즌의 주관객인 데이트 관객을 일찍 빠지게 하는 바람에 그 자리에 새로운 관객층이 평소보다 빠르게 형성된 것으로 보인다. 그리고 뒤가 막혀 있던 〈강철비〉와 달리 〈1987〉은 뒤가 열려 있는 배급이었다. 그 덕분에 〈강철비〉보다 많은 최종관객 732만을 한다. 겨울시즌은 뒤가 막힌 배급보다는 1월 시장까지 보고 들어가는 것이 유리할 수 있다.

4. 명절시즌(설과 추석)

우리나라에는 설과 추석이라는 전통적인 명절 연휴가 존재한다. 명절에는 '극장 구경 간다'라는 말이 있을 만큼 큰 흥행판이 열린다. 명절시즌은 우리만 가지고 있는 것은 아니다. 동양문화권에서는 같은 명절을 공유하다 보니 우리와 유사한 흥행시장을 가진 나라들이 있다. 중국 흥행판에서 가장 큰 시장은 춘절 연휴이다.

설과 추석 두 명절을 합쳐 명절시즌이라고 부른다. 이렇게 통칭하는 이유는 둘 사이에 공통점이 많기 때문이다. 우선, 명절시즌에는 한국영화가 흥행에 유리하다는 점을 들 수 있다. 이유는 할리우드와 시즌이 다르기 때문인데, 물론 과거에는 할리우드 대작들을 북미 개봉에 맞추지 않고 우리나라 설이나 추석 연휴에 맞춰 대거 개봉시킨 적이 있었다. 1990년대 추석영화 1위는 〈식스센스〉(1999), 2위는 〈피아노〉(1993)였다.

두 번째 특징은 연례행사로 극장을 찾는 관객들이 움직이는 시즌이라는 점이다. 흥행판 관객 유형 분석에 의하면 예부터 명절시즌은 1년에 한두 편 영화를 보는 관객이 움직이는 시즌이다. 영화를 즐기는 층이야 명절 같은 것 따지지 않지만, 그렇지 않은 층은 주로 명절에 영화를 볼 확률이 높다는 이야기다.

세 번째 특징은 시즌이 끝나면 바로 비수기가 뒤따른다는 점이다. 그래서 시즌은 길어봤자 3주 이상 가지 못한다. 확실히 여름과 겨울 시즌과 비교해 흥행 기간이 매우 짧다. 설 연휴가 지나면 3월 비수기가, 추석 연휴가 지나면 10월 비수기가 바로 뒤에 놓인다. 연휴 동안 시장은 호황을 누리다가, 바로 썰렁해진다.

네 번째 특징은 지방관객이 흥행을 좌우한다는 점이다. 따라서 지방관객이 어디로 움직이느냐에 따라 설 시즌 영화의 흥행 순위가 달라진다. 2013년 설 연휴에 〈7번방의 선물〉과 〈베를린〉이 경쟁한다. 〈7번방의 선물〉은 설 연휴 2주 전에 개봉하였고, 〈베를린〉은 1주 전 개봉을 택한다. 먼저 개봉된 〈7번방의 선물〉이 1위를 하며 먼저 시장을 점령한다. 하지만 1주 후 〈베를린〉이 개봉되면서 2위로 내려온다. 이때 주말관객수는 〈베를린〉 153만, 〈7번방의 선물〉 136만이었다. 〈7번방의 선물〉은 흥행이 꺾인 터라 승부는 이미 끝났다고 생각했다. 그런데 막상 설 연휴로 접어들면서 상황은 달라진다. 〈7번방의 선물〉이 〈베를린〉을 밀어내고 1위로 올라선다. 최종 1위는 〈7번방의 선물〉이, 2위는 〈베를린〉이 차지한다. 지방 관객 비율을 살펴보면 〈7번방의 선물〉이 76%, 〈베를린〉이 70%였다.

다섯 번째 특징으로 본격적인 흥행은 설 또는 추석 당일 오후부터 시작된다는 점이다. 명절에 '대목탄다'는 말이 있다. 명절 소비를 위해 씀씀이를 줄이다 보니 '상인들 속이 탄다'에서 나온 말이다. 극장가도 대목을 탄다. 명절 1~2주 전 극장가에 손님이 갑자기 뚝 떨어진다. 그 상태에서 연휴를 맞는데, 연휴가 시작돼도 설(추석) 당일 전까지 관객이 잠잠하다가 당일 오후부터 관객이 극장으로 확 몰리기 시작한다. 따라서 설이나

역대 설 연휴 일일 최고 관객수 순위

순위	개봉년도	최대 관객이 나온 날	관객수
1	2014	설날 다음날	188만명
2	2019	설날 다음날	180만명
3	2013	설날 다음날	174만명
4	2017	설날 다음날	169만명
5	2016	설날 다음날	167만명

역대 추석 연휴 일일 최고 관객수 순위

순위	개봉년도	최대 관객이 나온 날	관객수
1	2015	추석 다음날	184만명
2	2014	추석 다음날	176만명
3	2013	추석 다음날	166만명
4	2018	추석 다음날	162만명
5	2016	추석 다음날	158만명

추석 뒤로 휴일이 많을수록 흥행에 유리하다.

흥행 그래프는 일종의 역주행 흥행 모습을 한다. 명절시즌에 흥행된 영화들은 2017년 설 시즌에 흥행된 〈공조〉의 그래프와 유사한 모습을 보인다. 당연한 이야기지만 첫 주말보다 연휴에 더 높은 그래프를 그리는 모습이다. 명절시즌은 연휴를 노리다 보니 흥행을 위해서는 이처럼 연휴에 그래프가 높아야 한다. 명절시즌 흥행 전략은 바로 이 높이를 올리는 전략이 필요하다.

사정이 이렇다 보니 연휴에 흥행에 실패하면 재기불능 상태에 빠진다. 그래서 이 시즌에는 간결하면서도 재미있는 아이디어로 승부를 보는 영화가 유리하다고 여겨진다. 예컨대, "어떤

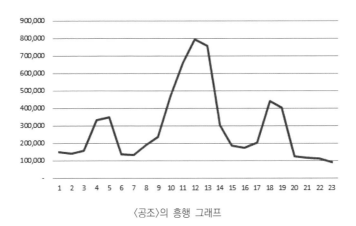

〈공조〉의 흥행 그래프

사람이 스물다섯 개 혹은 그 이하의 단어로 설명할 수 있는 아이디어가 있다면, 그 아이디어는 아주 괜찮은 영화로 만들 수 있다. 나는 그런 아이디어를 좋아한다. 특히 손에 쥘 수 있는 듯 아주 간결한 그런 아이디어를 사랑한다."고 말한 스티븐 스필버그의 콘셉트에 부합하는 영화가 흥행에 유리하다.

1) 설 시즌

설 시즌 영화의 성적표에는 새해에 대한 기대가 담겨 있다. 설 시즌에 흥행이 잘되면 한 해의 흥행을 기대하게 되지만 그렇지 않으면 초반부터 좀 암울해진다. 그래서 설 흥행은 마치 새롭게 시작하기 위한 고사와도 같은 의미를 지니기도 한다. 12월말에 시작된 겨울시즌이 1월을 지나 그 열기가 어느 정도 식어갈 즈음 설 시즌을 맞게 된다. 겨울시즌을 정리하고 새롭게 시작하는 모습이다. 해마다 날짜를 달리해서 시즌이 시작되

최근 5년 동안의 설 연휴 관객수

	1년 전체 관객	연휴기간	연휴 전체관객	일일 평균관객	설 이후 휴일 수
2014년	215,068,958	4일	628만명	157만명	2
2015년	217,299,523	5일	595만명	119만명	3
2016년	217,026,182	5일	671만명	134만명	2
2017년	219,876,227	4일	583만명	146만명	2
2018년	216,385,269	4일	488만명	122만명	2

어 규칙성은 떨어지지만, 위의 '최근 5년 동안의 설 연휴 관객
수' 표를 보면 무시할 수 없는 수준임을 알 수 있다.

설 연휴 일일 평균 관객수는 약 136만이다. 하루 136만 명
이 극장으로 나오고 있는 것이다. 설 연휴 전체관객수는 2016
년이 가장 많았다. 전체 휴일 수가 5일이다 보니 휴일이 4일인
해보다 많을 수밖에 없었을 것이다. 그러면 2015년과 2014년
의 차이는 무엇일까? 2015년이 2014년보다 휴일 수도 많은 데
전체관객수는 2014년에 비해 적다. 2015년에는 일일 평균관
객수도 월등히 적다. 그런데 2018년도 일일 평균관객수가 마
찬가지로 적다. 2015년과 2018년 사이에는 어떤 공통점이 있
을까? 이 해는 모두 설날이 늦은 2월 셋째 주다. 설 시즌 전체
관객수가 휴일 수에 비례하기보다는 설 연휴가 언제냐에 따라
차이가 나고 있음을 알 수 있다. 늦은 설 연휴가 아닌 경우 관
객은 휴일 수에 비례할 뿐만 아니라 늦은 설 연휴보다 관객이
많다. 그리고 설 시즌은 발렌타인데이나 졸업 특수로 인해 흥
행에 도움을 받는 경우도 있다.

설 시즌이 지금처럼 늘 한국영화가 강세였던 것은 아니다.

1980년대에는 성룡이 출연한 홍콩영화가, 1990년대는 할리우드 영화가 관객의 선택을 받았다. 1999년에야 비로소 '설 시즌은 한국영화'라는 공식이 다시 자리를 잡는데, 그 계기를 마련해 준 영화가 〈쉬리〉였다. 1999년 2월 13일 설 연휴 주에 개봉한 〈쉬리〉의 경쟁작들은 〈연풍연가〉, 〈마요

〈쉬리〉

네즈〉, 〈화이트 발렌타인〉 등이었는데, 이 해는 한국영화들이 설 흥행을 노리고 개봉을 시작한 첫 해라고 할 수 있다.

1997년까지 할리우드 영화들이 설 시즌을 차지하고 있었다. 1997년 당시 〈제리 맥과이어〉가 1위를 했다. 1998년이 중요한 전환점이 되는데, 그해 역시 쟁쟁한 외화들이 경쟁한다. 이완 맥그리거의 〈인질〉, 성룡의 〈CIA〉, 주윤발의 〈리플레이스먼트 킬러〉의 틈바구니 속에서 〈8월의 크리스마스〉가 개봉 된다. 〈8월의 크리스마스〉가 쟁쟁한 헤비급 외화들을 무너뜨리고 박스오피스 1위를 차지한다. 이것이 변화의 신호탄을 올린 것이다. 사기가 오른 한국영화들이 그다음해인 1999년 왕창 출전했던 것이다.

〈쉬리〉가 개봉된다. 다른 경쟁작들이 상대가 안 될 정도로 흥행 돌풍을 일으킨다. 개봉 당시 서울 최고의 극장이었던 서

연도별 설 시즌 박스오피스 1·2위(회색 배경은 외화)

년도	1위	2위
2000	반칙왕	슬리피 할로우
2001	버티컬 리미트	왓 위민 원트
2002	2009 로스트메모리즈	콜레트롤 데미지
2003	영웅	캐치 미 이프 유 캔
2004	말죽거리 잔혹사	라스트 사무라이
2005	말아톤	공공의 적 2
2006	투사부일체	홀리데이
2007	그놈 목소리	1번가의 기적
2008	원스어폰어타임	더 게임
2009	워낭소리	적벽대전 2: 최후의 결전
2010	의형제	하모니
2011	조선명탐정: 각시투구꽃의 비밀	글러브
2012	댄싱퀸	부러진 화살
2013	7번방의 선물	베를린
2014	수상한 그녀	남자가 사랑할 때
2015	킹스맨: 시크릿 에이전트	조선명탐정: 사라진 놉의 딸
2016	검사외전	쿵푸팬더 3
2017	공조	더 킹
2018	블랙 팬서	조선명탐정: 흡혈괴마의 비밀
2019	극한직업	뺑반

울극장의 예매 행렬이(당시는 예매제가 없어 무조건 줄을 서서 표를 끊어야 했다) 종로3가 큰길까지 이어졌다. 결국 서울에서만 245만[24]을 기록한다. 『한국영화연감』(영화진흥위원회 발행)에는 전체관객수가 582만으로 되어 있다. 당시 지방배급이

---

24) 당시는 서울 관객수만 집계가 가능했다.

설 영화 역대 박스오피스 탑10(2019년 기준)

순위	년도	영화 및 관객수	순위	년도	영화 및 관객수
1위	2019	극한직업, 1630만	6위	2013	베를린, 717만
2위	2013	7번방의 선물, 1281만	7위	2015	킹스맨: 시크릿 에이전트, 613만
3위	2016	검사외전, 971만	8위	2010	의형제, 542만
4위	2014	수상한 그녀, 866만	9위	2018	블랙 팬서, 540만
5위	2017	공조, 782만	10위	2017	더킹, 532만

일명 '우라 방식'이라 실제 관객수는 분명히 이보다 더 많았을 것이다. 현재 인플레이를 감안하여 추산하면 서울 약 400만, 전체 관객수는 천만을 넘기는 수치다. 비공식 첫 천만영화라고 할 수 있다. 〈쉬리〉는 설 시즌 킬러콘텐츠가 되어주어 '설 시즌은 한국영화'라는 공식을 만들게 된다.

설 시즌에는 코미디가 강하다

역대 설 영화 박스오피스 10위권에 오른 영화들 중 상위권 영화를 살펴보면, 1위 〈극한직업〉 액션/코미디, 2위 〈7번방의 선물〉 휴먼/코미디, 3위 〈검사외전〉 범죄/코미디, 4위 〈수상한 그녀〉 코미디로 설 시즌에는 코미디가 강세임을 알 수 있다.

1위를 한 〈극한직업〉과 3위를 한 〈검사외전〉은 시장을 독식함으로써 엄청난 흥행 성적을 거둔다. 2016년 설 연휴 2주 전에 〈로봇, 소리〉가, 1주 전 〈쿵푸팬더 3〉와 〈검사외전〉이 개봉된다. 〈로봇, 소리〉가 초반 흥행에 실패하면서 경쟁에서 일찌감치 탈락한다. 〈검사외전〉은 홀로 시장에서 한국영화 지분 50%를 그대로 가져가고 〈쿵푸팬더 3〉가 차지하지 못한 나머지

> **설 시즌 관객층의 변화**
>
> 설 시즌 관객층에 변화가 감지되고 있다. 1년에 영화를 한두 편씩 보는
> 노총각 삼촌이 사랑스러운 조카들을 데리고 극장을 찾던 모습은 점점
> 사라지고 가족 소단위로 극장을 찾는 관객이 증가하고 있다. 특히 초등
> 학생 아이를 둔 가족 단위 관객이 설 연휴에 극장 나들이를 하는 모습이
> 눈에 띄게 늘었다. 가족 관객층이 증가하면서 설 연휴 극장이 가족들의
> 놀이터가 되고 있으니 그들에 맞는 영화를 준비할 때다.

외국영화 지분까지 가져가면서 시장을 독식한다.

2019년 설 시즌에는 1주 전에 〈극한직업〉이, 설 연휴 주에 〈빽반〉이 개봉된다. 먼저 개봉한 〈극한직업〉이 시장을 완벽하게 선점하는 바람에 후발주자가 가져갈 몫이 사라진다. 이후 시장을 독식하게 된다. 반대로 롱런이 흥행을 만들어준 영화로 〈7번방의 선물〉을 들 수 있다. 2013년 〈7번방의 선물〉은 〈베를린〉과 심한 경쟁을 치르지만 롱런에 성공한 일명 '다리가 달린 영화(Picture with legs)'가 되어 흥행에 성공한다.

설 연휴 최고의 프랜차이즈 영화

2011년 설 연휴 1주 전에 쇼박스는 〈조선명탐정〉을 개봉한다. 〈황산벌〉 시리즈의 하나인 롯데의 〈평양성〉과 폭스의 〈걸리버 여행기〉까지 3파전 양상이다. 흥행 예측이 쉽지 않은 상황. 예매마저 비슷하게 진행되고 있었다. 개봉 날 〈평양성〉 6.1만, 〈걸리버 여행기〉 8.5만, 〈조선명탐정〉 9.7만으로 근소하게 〈조선명탐정〉이 1위를 차지한다. 특별히 치고 나가는 영화 없

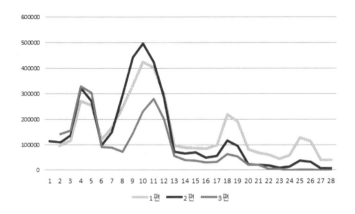

〈조선명탐정〉 시리즈의 흥행 비교

2011년 1편 〈각시투구꽃의 비밀〉
479만명

2015년 2편 〈사라진 놉의 딸〉
387만명

2018년 3편 〈흡혈괴마의 비밀〉
244만명

이 주말을 맞는다. 주말에 〈조선명탐정〉이 조금씩 앞으로 치고 나가더니 이후 3주 연속 1위를 차지한다. 결국 그해 설 시즌 1위 영화가 된다. 이 영화는 이 흥행 이후에야 프랜차이즈 작업을 시작한다. 그래서 2편이 나오기까지 시간이 좀 걸린다.

이 영화의 장르는 코미디다. 조금 더 풀어보면 사극을 차용한 코미디라고 할 수 있다. 시리즈물로서 특징을 살펴보면 장르는 사극 코미디이고 등장인물 각각이 고정된 캐릭터를 가지고 있으며, 스토리 패턴은 수사물이다. 수사물은 시리즈로 가기에 유리하다.

홍행 그래프를 살펴보면 프랜차이즈 영화의 전형적인 모습이 그대로 나타난다. 2편과 3편이 첫 주말에서 각각 1편을 앞선다. 즉 1편 때는 아직 어떤 영화인지 모르는 상황이라 '위험을 감수하는 소중한 관객'이 적었지만 2편과 3편에서는 앞선 영화에 대한 기대치로 인해 첫 주말에 관객이 몰리게 된다. 앞선 시리즈에 대한 신뢰가 없었다면 절대 이런 그래프는 못 만든다. 만약 이런 모습이 나오지 않았다면 계속해서 시리즈로 갈지 고민할 때가 온 것이다.

설 연휴 3주 전 개봉이 금물인 이유

남보다 먼저 개봉하는 게 좋았던 때는 스크린이 많지 않았던 시절이다. 지금은 3주를 버틸 홍행세가 있더라도 절대 써서는 안 되는 전략이 되었다. 예전에 비해 홍행 속도도 빠르고 입소문도 빠르게 퍼지기 때문이다.

2015년 1월 28일에 〈내 심장을 쏴라〉가 설 연휴 3주 전 개봉된다. 〈내 심장을 쏴라〉는 '리틀 빅'이라는 중소 배급사의 영화로 당시 눈치를 많이 봐야 하는 상황이었다. 앞에서는 〈국제시장〉이 어마어마한 기세로 넘어 오고 있고 뒤로는 설 시즌 영화들이 대거 대기 중이었다.

가정 1: 이때를 틈새시장으로 보고 개봉일을 잡았다? 설 시즌 3주 전이 과연 틈새시장일까? 〈내 심장을 쏴라〉를 1주짜리 영화로 봤다면 이때가 틈새는 맞다. 그렇지 않다면 앞뒤가 완벽하게 막힌 날짜다.

가정 2: 설 시즌을 노리고 3주 전에 개봉했다? 이렇다면 상황은 달라진다. 설 연휴 3주 전 개봉은 일단 개봉시켜 놓고 잘 들면 설 연휴를 넘기고 안 들면 말겠다는 식의 무책임한 배급이 된다. 최

〈내 심장을 쏴라〉

근 흥행판에서는 제아무리 센 영화도 설 연휴와 3주차라는 간격을 버텨낼 수 없다. 설 시즌은 설 연휴를 노리는 전략이 필요하다. 여기를 정조준해서 들어가야 하는 것이다. 〈내 심장을 쏴라〉는 최종관객수 39만을 한다.

설 시즌의 쏠림 현상

2014년 설 시즌에 한국영화 3편이 동시 개봉된다. 롯데의 〈피 끓는 청춘〉, NEW의 〈남자가 사랑할 때〉, CJ의 〈수상한 그녀〉는 모두 15세 이상 관람가 등급으로 장르만 다를 뿐 설 연휴 1주 전에 함께 스타트를 끊었다. 개봉 시 〈수상한 그녀〉가 1위를 하지만 이때까지만 해도 격차가 크지 않았다. 본격적으로 설 연휴로 접어들면서 차이가 나기 시작한다. 모두가 행복한 세상은 아무도 행복하지 않은 세상이라고 했던가? 흥행판이 바로 그런 구조다. 〈수상한 그녀〉는 명절 흥행영화의 전형적인 모습

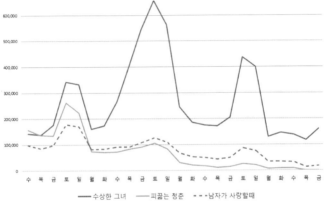

〈피 끓는 청춘〉, 〈남자가 사랑할 때〉, 〈수상한 그녀〉의 흥행 비교

그대로 2주차 그래프를 높이지만 나머지 영화들은 그러지 못한다. 설 시즌 쏠림 현상이 두드러지게 나타난 케이스다. 이런 쏠림 현상은 해가 거듭될수록 점점 더 강해지고 있다.

〈피 끓는 청춘〉은 첫 주말에 2위로 시작한다. 하지만 2주차에 3위로 떨어진다. 경쟁에서 〈남자가 사랑할 때〉에 밀린 것일까? 그보다는 〈수상한 그녀〉에게 밀린 것으로 보인다. 경쟁구도에서 가장 먼저 봐야 하는 것이 '장르'다. 〈피 끓는 청춘〉은

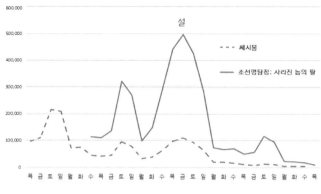

〈쎄시봉〉과 〈조선명탐정: 사라진 놉의 딸〉의 흥행 비교

장르상 코미디다. 역시 코미디 영화인 〈수상한 그녀〉와 가장 먼저 경쟁할 수밖에 없다. 설 연휴 주인 2주차를 보면 〈수상한 그녀〉는 207% 오른 것에 비해 〈피 끓는 청춘〉은 46% 떨어진다. 여기서 확실히 밀리고 만 것이다. 그 결과 〈피 끓는 청춘〉은 최종관객수 168만에 그치고 만다. 〈남자가 사랑할 때〉는 198만, 〈수상한 그녀〉는 866만을 한다.

설 시즌에는 코미디가 강세다. 그러면 같은 코미디인데 왜 〈피 끓는 청춘〉이 이렇게까지 밀렸을까? 한 가지가 빠졌기 때문이다. 설 시즌 영화 = '따듯한 코미디'인데, 그 따듯함이 빠졌다.

2015년 설 시즌에는 CJ의 〈쎄시봉〉과 쇼박스의 〈조선명탐정: 사라진 놉의 딸〉이 개봉된다. 두 영화는 간격을 두고 각각 설 연휴 1주 전과 2주 전에 개봉된다. 명절시즌은 연휴를 누가 차지하느냐 하는 싸움이다. 그래프에 보이는 것처럼 〈쎄시봉〉은 〈조선명탐정: 사라진 놉의 딸〉이 개봉되면서 하락하기 시작한다. 〈조선명탐정: 사라진 놉의 딸〉을 이겨내지 못한 것이다. 그 하락으로 인해 설 연휴를 차지하지 못하고 만다. 반대로 〈조선명탐정: 사라진 놉의 딸〉은 설 연휴인 2주차에 그래프를 최상으로 올린다. 최근 경향은 최대한 명절에 가깝게 개봉을 시키는 추세다. 〈쎄시봉〉도 〈조선명탐정: 사라진 놉의 딸〉과 장르에서 겹치지 않다 보니 오히려 같은 날 개봉하는 것이 더 유리할 수 있었다.

설 시즌 이후 시장

2012년 쇼박스의 〈범죄와 전쟁〉이 설 연휴가 지나고 2주 후 개봉된다. 당시 설 연휴는 1월 셋째 주였다. 2월 시장이 발렌타인데이와 졸업 특수 등으로 그대로 남아 있는 상태다. 이 시장에 〈범죄와의전쟁: 나쁜놈들 전성시대〉이 개봉되어 흥행을 한다.

2013년 NEW의 〈신세계〉가 설 연휴가 지나고 2주 후 개봉된다. 당시 설 연휴는 2월 첫째 주였다. 2월 틈새시장이 생기면서 〈신세계〉가 개봉되어 흥행을 이어간다.

2017년 CGV아트하우스(오퍼스픽쳐스와 공동 배급)의 〈재심〉이 설 연휴가 지나고 3주 후 개봉된다. 당시 설 연휴는 1월 넷째 주였다. 2월 틈새시장이 생기면서 〈재심〉이 개봉되어 흥행을 이어간다.

이외에도 2월에 개봉되어 흥행한 영화로는 2004년 〈태극기 휘날리며〉, 2008년 〈추격자〉 등도 있다. 이른 설이라면 2월을 노려볼 만하다. 설 연휴 이후 시장은 범죄 영화가 흥행에 유리해 보인다.

2) 추석 시즌

추석 시즌도 설 시즌과 마찬가지로 한국영화가 외국영화에 비해 강세다. 설 시즌이 발렌타인데이나 졸업 분위기 등으로 추가로 흥행에 도움을 받는 것처럼 추석 시즌도 간혹 10월 3일 개천절과 9일 한글날 휴일로 흥행에 도움을 받기도 한다.

연휴 기간 일일 평균관객은 133만으로 설 연휴보다 약 2만 명 정도 적지만 거의 비슷한 수준으로 명절시즌은 일일 130만 이상의 관객이 극장에 나온다고 할 수 있다. 2017년은 특이하게도 연휴 기간이 10일이나 되었다. 10월 4일 추석을 기준으로 3일 개천절, 뒤로는 9일 한글날, 거기에 6일 대체휴일까지 낀 긴 휴일이었다. 그 덕분에 연휴 동안 극장에 나온 전체관객수가 1천만을 넘기는 진기록을 세우기도 했다.

추석 시즌도 설과 마찬가지로 처음부터 한국영화가 강세는 아니었다. 이런 시장에 설 시즌 〈쉬리〉와 같은 역할을 한 영화

최근 5년 동안의 추석 연휴 관객수

	1년 전체 관객	연휴기간	연휴 전체관객	일일 평균관객	추석 이후 휴일 수
2014년	215,068,958	5일	697만명	140만명	2
2015년	217,299,523	4일	602만명	150만명	2
2016년	217,026,182	5일	622만명	124만명	3
2017년	219,876,227	10일	1199만명	120만명	5
2018년	216,385,269	5일	664만명	133만명	2

가 있었으니 바로 〈공동경비구역 JSA〉이다. 할리우드 영화들이 휩쓸던 추석 시즌이 1997년에 중요한 전환점을 맞는다. 해리슨 포드의 〈에어포스 원〉과 맞서 간발의 차이로 한석규, 전도연 주연의 〈접속〉이 1위를 차지한다. 마치 〈8월의 크리스마스〉가 설 시즌에 신호탄을 쏘아

〈공동경비구역 JSA〉

올린 것과 같은 역할을 해준 것이다. 이때부터 한국영화들이 추석 시즌에 본격적으로 나서기 시작한다. 1998년에 〈정사〉, 〈처녀들의 저녁식사〉, 〈키스할까요〉 3편이 도전한다. 하지만 스티븐 스필버그 감독의 〈라이언 일병 구하기〉에 밀리고 만다. 이듬해 다시 세 편의 한국영화, 〈러브〉, 〈카라〉, 〈댄스〉가 도전하지만 〈식스센스〉에 KO패를 당하고 만다. 당시 〈식스센스〉는 어마어마한 흥행 성적을 거둔다.

2000년으로 넘어온 첫 추석에, 〈공동경비구역 JSA〉가 개봉된다. 경쟁작은 일주 먼저 개봉한 〈U-571〉과 〈택시 2〉, 그리고 같은 주에 개봉한 〈시월애〉이다. 〈공동경비구역 JSA〉는 금요일 개봉을 택한다. 당시에는 흔치 않은 일이었다. 개봉 날 서울극장 앞, 마치 토요일로 착각이 들 정도로 관객이 극장 앞에 줄을 선다. 1999년 설에 〈쉬리〉가 세운 줄과 맞먹는 수준이다. 대박이 예상되었다. 최종관객수 서울 251만으로 〈쉬리〉(서울

역대 추석 시즌 박스오피스 1·2위 영화들(회색 배경은 외화)

년도	1위	2위
2000	공동경비구역 JSA	시월애
2001	조폭마누라	러시 아워 2
2002	가문의 영광	연애소설
2003	오!브라더스	캐리비안의 해적: 블랙펄의 저주
2004	귀신이 산다	슈퍼스타 감사용
2005	가문의 위기	찰리와 초콜릿 공장
2006	타짜	가문의 부활
2007	사랑	본 얼티메이텀
2008	맘마미아!	신기전
2009	내 사랑 내 곁에	불꽃처럼 나비처럼
2010	시라노: 연애조작단	해결사
2011	가문의 수난	파퍼씨네 펭귄들
2012	광해, 왕이 된 남자	테이큰 2
2013	관상	스파이
2014	타짜: 신의 손(402만)	루시
2015	사도(625만)	메이즈 러너: 스코치 트라이얼
2016	밀정(750만)	벤허
2017	범죄도시(688만)	킹스맨: 골든서클
2018	안시성(544만)	명단

245만)보다 더 든다. 현재 인플레이를 감안하면 서울 400만에 전체관객수 1천만을 넘기는 수치다. 비공식 두 번째 천만영화라고 할 수 있다. 이리하여 〈공동경비구역 JSA〉는 추석 킬러콘텐츠가 되어 '추석 시즌은 한국영화'라는 공식을 만들게 된다.

추석 시즌에는 사극이 강하다

역대 추석영화 박스오피스 10 영화들에서 가장 뚜렷하게 나타나는 공통점은 사극이다. 그다음으로 〈범죄도시〉와 〈타짜〉 같은 범죄영화가, 그리고 코미디 영화가 뒤를 잇고 있다. 추석

추석 영화 박스오피스 역대 탑10(2019년 3월 기준)

순위	년도	영화 및 관객수	순위	년도	영화 및 관객수
1위	2012	광해, 왕이 된 남자, 1232만	6위	2006	타짜, 569만
2위	2013	관상, 914만	7위	2018	안시성, 544만
3위	2016	밀정, 750만	8위	2017	킹스맨: 골든서클, 495만
4위	2017	범죄도시, 688만	9위	2008	맘마미아!, 458만
5위	2015	사도, 625만	10위	2005	가문의 위기, 453만

은 여름시즌에서 그리 멀리 있지 않다. 일 년 중 최고의 시즌인 여름시즌과 가깝다는 것은 무엇을 의미할까? 이는 같은 명절시즌이라 하더라고 설 시즌보다 추석 시즌에 '액션'이 많은 이유를 설명해주는 것이기도 하다. 과거에는 대다수의 여름 대작들이 롱런하여 그 흥행을 추석까지 이어갔다. 2011년에도 이런 현상이 나타났는데 8월 10일 여름시즌용으로 개봉된 〈최종병기 활〉이 그해 추석 연휴까지 1위를 차지하였다. 이렇게 여름 시장을 관통해서 추석 시즌까지 넘어갔던 대다수의 영화들이 주로 '액션'이었다.

이러한 현상으로 인해 추석 시즌 흥행 장르로 '액션'이 자리 잡게 된다. 이것을 흥행판의 관점으로 보면, 영화가 관객에게 습관을 만들어 주고 그 습관으로 선호 장르가 만들어지고 그 장르가 시즌을 대표하게 된다는 것이다.

여기에 한 가지 더 덧붙이면 액션에 코미디가 가미되어 있으면 흥행에 좀 더 유리해질 수 있다는 것이다. 여름시즌 블록버스트로 인해 피로도가 극에 달하다 보니 좀 가벼웠으면 하는 요구가 생길 수밖에 없다. 그 가벼움을 코미디가 채워줄 수 있으

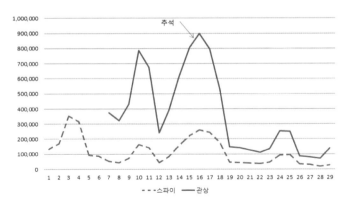

2013년 추석 시즌 개봉된 〈관상〉과 〈스파이〉의 흥행 비교

니 이 시즌에는 코믹액션 영화가 흥행에 조금 더 유리하다 하겠다. 과거 〈조폭마누라〉가 그랬고, 〈가문의 영광〉이 그랬다.

개봉일의 차이

2013년 추석 연휴 2주 전인 9월 5일 CJ의 〈스파이〉가 개봉된다. 쇼박스의 〈관상〉은 한 주 뒤인 9월 11일 개봉된다. 문제는 〈스파이〉가 택한 9월 5일은 여름시즌의 *끄트머리*라는 것. 이때는 관객이 잠시 빠지는 현상이 나타나는데, 〈스파이〉 개봉시 주말전체관객수가 여름시즌과 추석 시즌을 통틀어 가장 적게 나왔다. 이런 상황에서 점유율 45%를 차지한들 추석 시즌 영화로서 제대로 흥행할 수 있을까? 딱 거기까지였다. 추석 연휴에 시즌 그래프를 만들지 못하고 첫 주보다 낮은 그래프를 그리고 만다. 추석 연휴를 노렸지만 실패한 케이스다.

〈관상〉은 명절 흥행 그래프의 표본 모양을 만들어 낸다. 최

2018년 추석 시즌에 격돌한 〈물괴〉, 〈안시성〉, 〈명당〉, 〈협상〉

종관객수 〈관상〉 913만, 〈스파이〉 344만이다. 이제는 추석 연휴를 바로 노리는 것이 더 유리해졌다.

2018년 추석에는 한국영화 4편이 경쟁한다. 〈물괴〉, 〈안시성〉, 〈명당〉, 〈협상〉이 그 주인공들이다.

롯데가 배급한 〈물괴〉가 경쟁영화들보다 한 주 먼저 개봉된다. 선점의 의미도 있지만 경쟁자가 없을 때 관객을 확보해 보겠다는 심산이다. 문제는 이 시기가 명절 전 대목을 타는 때라 확실한 흥행 파워가 없으면 오히려 리스크가 크다는 것, 아니면 광고라도 세게 쳐야 하는데 그러지도 못했다. 뚜껑을 열어보니 아니나 다를까 첫 주말관객수 42만으로 2위로 시작한다. 한국영화가 3편이나 개봉된 2주차에는 9위로 추락하고 추석 연휴로 접어들어서는 숟가락도 못 얹어보고 사라지고 만다. 최종 관객수 72만을 한다.

앞서 개봉하여 흥행한 〈관상〉(역학 3부작이라고 하여 〈관상〉, 〈궁합〉, 〈명당〉까지 시리즈로 제작되었다)의 힘을 받을 수 있을지 기대하면서도 유난히 사극이 많아 조마조마했던 〈명

〈물괴〉의 스크린 및 상영회수 변화

| | 37주차 주말 | | 38주차 (추석주) | |
	스크린	상영회수	스크린	상영회수
물괴	1,163	18,823	290	1,250
안시성			1,344	16,647
명당			1,117	13,814
협상			872	11,112

당〉은 개봉 첫 주 〈안시성〉에 밀려 2위로 시작한다. 아주 잠깐 〈관상〉의 기운을 받지만 추석 연휴가 지나자마자 바로 추락하고 만다. 최종관객수 200만을 한다. 〈관상〉이 없었더라면 더 망할 수도 있었던 영화였다.

유일한 비 사극인 CJ의 〈협상〉은 첫 주말 3위로 시작한다. 〈물괴〉보다 조금 나은 45만 수준이지만 〈안시성〉 113만, 〈명당〉 55만에 뒤지는 상황이다. 흥행이 쉽지 않아 보였는데 추석 연휴가 지나자마자 〈명당〉보다 관객이 더 들기 시작한다. 이 현상은 추석 시즌 관객과 연휴 이후 관객이 다름으로 해서 나타나는 현상인데, 2017년에도 이와 유사한 모습이 나타났다. 추석 연휴 동안 〈남한산성〉에 밀린 〈범죄도시〉가 연휴가 끝나자마자 치고 올라서기 시작한 것이다. 결국 〈남한산성〉은 385만을, 〈범죄도시〉는 688만을 한다.

추석 이후 관객 덕분에 〈협상〉은 추석 연휴 동안 〈명당〉에 많이 뒤쳐졌지만 최종관객수에서 〈명당〉과 비슷한 196만을 한다. 애초부터 추석 이후 개봉을 노렸으면 어땠을까?

2002년 〈가문의 영광〉
서울 161만명
2005년 〈가문의 위기〉
564만명
2016년 〈가문의 부활〉
346만명
2011년 〈가문의 수난〉
237만명
2012년 〈가문의 귀환〉
116만명

〈가문의 영광〉 시리즈의 흥행 성적

추석 시즌 최고의 프랜차이즈 영화

추석 시즌 최고의 프랜차이즈 영화는 〈가문의 영광〉 시리즈이다. 2002년 〈가문의 영광〉으로 시작된 이 시리즈는 현재까지 5편이 나왔다. 2001년 추석 1위를 차지한 〈조폭마누라〉와 결을 같이한 〈가문의 영광〉은 추석 시즌을 노린다. 개봉 당시 경쟁작은 〈연애소설〉, 〈보스상륙작전〉, 〈성냥팔이소녀의 재림〉. 당시 최고의 제작비가 들어간 〈성냥팔이소녀의 재림〉이 가장 큰 경쟁작이었으나 개봉 전부터 '재난'이라는 소문이 파다하게 퍼진다. 〈가문의 영광〉은 한 치의 오차도 없이 그대로 흥행궤도에 오른다. 이후 4편까지 계속 추석을 노리다가 살짝 변화를 준 것이 5편인 〈가문의 귀환〉이다. 겨울 시즌을 노려본다. 하지만 흥행은 참패였다. 프랜차이즈 영화는 개봉시기를 통일시켜 주는 것이 흥행에 유리하다.

추석 시즌보다 셌던 추석 1주 뒤 영화들

2011년 추석 1주 뒤에 〈도가니〉가 개봉된다. 첫 주말관객수 77만으로 1위로 시작한다. 이렇게 시작한 흥행은 최종관객수 466만까지 간다. 당시 추석 1위였던 〈가문의 수난〉 최종관객수가 237만이었으니 그보다 많이 들었다. 이 영화가 추석에 갔다면 어땠을까?

이와 유사한 케이스로 2005년에 〈너는 내 운명〉이 추석 한 주 뒤 개봉되었다. 앞서 추석 시즌 1위를 한 〈가문의 위기〉 564만보다는 적지만 최종관객수 305만을 한다. 이 영화가 혹시 추석에 갔다면 어느 정도까지 들었을까?

더 오래 전 영화이긴 하지만 시네마서비스의 〈주유소습격사건〉이 추석 한 주 뒤인 1999년 10월 2일 개봉된다. 역시 추석 시즌 한국영화들보다 많이 든다. 이 영화가 만약 추석에 갔다면, 이 영화는 흥행이 더 좋았을 수도 있었을 것 같다.

1998년 추석 시즌 영화를 배급할 때의 일이다. <정사>, <키스할까요?>, <처녀들의 저녁식사> 이렇게 경쟁이 붙었다. 배급하는 사람들은 보통 제목을 두 글자로 줄여서 그냥 '정사', '키스', '처녀'로 부르곤 했다. 그때는 한 극장이 가지고 있는 스크린이 많아야 3개였고 대부분은 2개 정도였다. 그렇다 보니 그해 추석 배급 경쟁은 유난히 치열할 수밖에 없었다. 어느 극장과 통화 중에 당시 내가 배급한 <정사>를 못 해준다는 말을 듣고는 화가 난 나머지 소리를 지르고 말았다.

"그러면 '처녀'랑 '키스'만 하고 '정사'는 안 하시겠다고요?"

5. 마블시즌

시즌이란 처음부터 존재해 있던 것이 아니고 시장에 의해 생성되고 만들어지는 것이다. 그렇다면 시즌은 어떻게 만들어질까? 무엇보다 먼저 특정한 시기에 연속적으로 흥행이 되어야 하고 장르와 같은 흥행 이슈가 있어야 한다.

마블시즌의 시작은 2008년으로 거슬러 올라간다. 그해 4월 30일(18주차) MCU 첫 영화인 <아이언맨>이 개봉된다. 북미 상황을 먼저 살펴보면 본토에서는 한 주 뒤인 5월 2일 개봉되었다. 배급사는 파라마운트다. 북미 최고의 흥행 시장인 여름시즌은 5월 마지막 주 월요일 '메모리얼 데이' 연휴부터 시작된다. 5월초는 아직은 시장이 활성화되기 전이다. 파라마운트 입장에서는 여름시즌 영화로 이미 <인디아나 존스: 크리스탈 해골의 왕국>과 <쿵푸팬더>를 대기 시켜 놓은 상태라 갈 곳이 녹록치 않았다. 거기에 워너가 당시 최고의 기대작인 <다크 나이트>를 여름시즌에 떡하니 가져다 놓은 상태다. 이 영화와의 경쟁은

마블의 흥행 대작
〈아이언맨〉(2008)
〈어벤져스〉(2012)

무조건 피하는 게 상책이다(그때는 그랬다).

파라마운트는 과감하게 5월초로 승부수를 띄운다. 이것이
적중하여 첫 주말 1억 달러를 돌파하며 1위로 입성한다. 여름
시즌에 버금가는 흥행이다. 결국 2008년 박스오피스 1위를 한
〈다크 나이트〉의 5억 3,335만불에 이어 3억 1,841만불로 2위
를 차지한다. 이후 파라마운트는 〈아이언맨 2〉와 〈토르: 천둥
의 신〉을 모두 18주차에 개봉시켜 흥행에 성공한다.

〈아이언맨〉은 마블이 직접 제작에 참여한 첫 번째 영화다.
스탠 리 원작의 '아이언맨'이 영화화되기까지는 거의 20년이 걸
렸다. 1990년 유니버셜픽쳐스가 판권을 구입하여 저예산 영화
로 제작하려 했으나 무산되고 만다. 이후 판권은 폭스사를 거
쳐 뉴라인시네마로 넘어가지만 이 역시 실행에 옮겨지지 않는
다. 2005년 마블코믹스가 직접 제작에 참여하기로 결정하고 존
파브루 감독을 내정하고서야 비로소 제작에 착수하게 된다. 주
인은 늘 따로 있는 것 같다.

	영화명	개봉일	관객 (만명)	국내 배급	북미 배급
1	아이언맨	2008-4-30	432	CJ	파라마운트
2	인크레더블 헐크	2008-6-12	99	UPI	유니버셜
3	아이언맨 2	2010-4-29	450	CJ	파라마운트
4	토르: 천둥의 신	2011-4-28	169	CJ	파라마운트
5	퍼스트 어벤져	2011-7-28	51	CJ	파라마운트
6	어벤져스	2012-4-26	707	디즈니	디즈니
7	아이언맨 3	2013-4-25	900	디즈니	디즈니
8	토르: 다크월드	2013-10-30	304	디즈니	디즈니
9	캡틴 아메리카: 윈터솔져	2014-03-26	396	디즈니	디즈니
10	가디언즈 오브 갤럭시	2014-7-31	131	디즈니	디즈니
11	어벤져스: 에이지 오브 울트론	2015-4-23	1049	디즈니	디즈니
12	앤트맨	2015-7-17	284	디즈니	디즈니
13	캡틴 아메리카: 시빌 워	2016-4-27	868	디즈니	디즈니
14	닥터 스트레인지	2016-10-26	545	디즈니	디즈니
15	가디언즈 오브 갤럭시 2	2017-4-27	274	디즈니	디즈니
16	스파이더맨: 홈 커밍	2017-7-5	726	소니	소니
17	토르: 라그나로크	2017-10-25	486	디즈니	디즈니
18	블랙 팬서	2018-2-14	540	디즈니	디즈니
19	어벤져스: 인피니티 워	2018-4-25	1121	디즈니	디즈니
20	앤트맨과 와스프	2018-7-4	545	디즈니	디즈니
21	캡틴 마블	2019-3-6	580	디즈니	디즈니
22	어벤져스: 엔드게임	2019-4-24	1393	디즈니	디즈니

마블의 MCU의 연도별 흥행 기록. 지금까지 국내에서는 한 해 한국영화 관객 수보다 많은 1억 2천 1백만 명의 관객을 동원했다.

〈아이언맨〉의 국내 배급은 CJ가 맡았다. 4월 30일 개봉된다. 최종관객수 431만을 거둔다. 이 결과에 대하여 당시에는 이례 적인 일로 생각하였다. 국내의 4월 시장은 여전히 비수기로 남 아 있을 거라고 생각했던 것이다. 2010년 4월에 다시 〈아이언 맨 2〉가 개봉된다. 최종관객수 450만. 만약 이후로도 흥행이 이어졌다면 이야기는 달라졌겠지만 2011년 개봉된 〈토르: 천등의 신〉이 169만에 그친다. 그저 4월 비수기에 스쳐가는 단비 정도로 보았다. 이 생각이 뒤집어진 게 2012년부터다. 그해 4월(17주차)에 〈어벤져스〉가 개봉된다. 최종관객수 707만을 한다. 2013년 4월(17주차)에 개봉한 〈아이언맨 3〉가 900만을 넘긴다. 4월 16주차, 17주차, 18주차는 일 년 52주에서 52위, 50위, 48위를 하던 곳인데 마블영화로 인해 17주차는 30위로, 18주차는 11위까지 상승한다.

결국 2015년 4월 개봉한 〈어벤져스: 에이지 오브 울트론〉이 처음으로 천만을 넘기더니, 〈어벤져스: 인피니티 워〉(2018), 〈어벤져스: 엔드게임〉(2019)까지 3편의 천만영화가 나오다 보니 이제 4월은 마블 외에는 아무도 건드리지 못하는 오직 한 영화만을 위한 시즌이 되고 말았다.

국내 4월 시장은 어떠했나?

4월은 영원한 비수기라고 생각한 것은 고정관념이었을까? 관객 그래프를 보면, 3월부터 서서히 관객이 줄어들다가 4월 셋째 주에 바닥을 치고 다시 올라서기 시작한다. 매년 이런 모습이었다. 그래서 4월은 비수기라고 하였다.

그런데 과거 흥행을 한 〈친구〉가 2001년 3월 31일 개봉되었다. 〈살인의 추억〉도 2003년 4월 25일 개봉이었다. 우리는 이미 4월에 흥행 가능성을 보고 있었던 것이다.

5. 최근 5년간의 흥행판 분석

1. 2014년 시장

상반기: 디즈니에서 디즈니로

한 해 전인 2013년은 국내 흥행판 최초로 전체관객수 2억을 넘긴 해였고 한국영화 점유율도 60%에 육박한 해였다. 그 기세 그대로 흥행판은 2014년을 맞이한다. 새해가 시작되자마자 흥행에 포문을 연 것은 디즈니의 〈겨울왕국〉이다. 지난해 51주차에 개봉되어 천만 기세로 넘어오고 있던 〈변호인〉을 밀어내고 1위로 시작한다. 디즈니 애니메이션이라 어느 정도 기대는 했지만 초대박까지는 아니었는데, 삽입곡인 'Let it Go'가 〈겨울왕국〉 소구대상들에게 엄청난 인기를 끌기 시작하면서 그 인기를 등에 업고 흥행을 이어간다. 그런데 한 주 뒤 설 시즌 영화들이 개봉 대기 중이다. 뒤가 막힌 상태가 될 수도 있는 상황이다.

설 시즌 영화들이 개봉된다. 오랜 기획 기간을 거쳐 제작된 CJ의 〈수상한 그녀〉를 빼고는 롯데의 〈피끓는 청춘〉, NEW의 〈남자가 사랑할 때〉 모두 전멸한다. 〈겨울왕국〉이 이 시장에서 그대로 1위를 지켜낸다.

설 연휴로 접어든다. 예상대로 〈수상한 그녀〉가 치고 올라간다. 그러면 그렇지, 〈겨울왕국〉은 여기까지인 듯싶었다. 그런데 가만히 스코어를 보고 있자니 비밀이 하나 숨어 있다. 깜박했으면 이것을 놓칠 뻔했다. 〈겨울왕국〉은 순위로는 2등으로 밀려났지만 자신의 스코어로는 오히려 3주차에 최고의 관객이 든 것이다. 일명 '역주행 흥행' 그래프를 그리고 있다. 이러면 이야기는 달라진다. 역주행 흥행은 대박 가능성이 높다. 아니나 다를까 설 연휴가 끝나자마자 다시 1위로 복귀하더니, 2주 연속 1위를 차지한다. 결국 〈변호인〉에 이어 한 달 만에 또 천만영화가 나온다. 애니메이션으로는 최초의 천만영화이기도 하다. 〈겨울왕국〉과 〈수상한 그녀〉의 경쟁을 보면서 설 연휴 관객과 설 연휴 이후 관객이 다름을 알 수 있었다.

당시 또 하나의 이슈는 쇼박스의 〈조선 미녀 삼총사〉였다. 배급사에서도 이 영화는 망작이 될 거라고 이미 판단한 것 같다. 쇼박스는 이 영화를 설 연휴가 시작되기 하루 전에 개봉시킨다. 영화에 대한 평가가 나오기 전에 서둘러 연휴를 찾아먹겠다는 꼼수다. 하지만 이런 꼼수가 먹힐 리 없다. 관객들이 등을 돌리는 사태가 발생하면서 이후로 여배우가 주인공으로 나오는 액션영화는 투자사들이 선뜻 나서지 않게 된다.

앞서 〈변호인〉과 〈겨울왕국〉이 연이어 천만을 동원한 터라 이후 흥행판은 횡해진다. 아무리 소리를 질러대도 시장에 손님이 없으니 목만 아플 뿐이다. 오래갈 것만 같은 이 분위기가 다시 디즈니로 인해 활기를 되찾게 된다. 3월말인 13주차에 〈캡틴 아메리카 2〉를, 그리고 17주차에 〈어메이징 스파이더맨 2〉[25])까지 시장에 연달아 내놓으며 2014년 상반기는 디즈니의 독무대가 된다. 이후 이와 유사한 패턴으로 디즈니는 매년 상반기를 자기만의 시장으로 만들어 가기 시작한다.

여름 시장: 박 터지는 한 주차 경쟁

여름 시장은 화약을 짊어지고 불로 뛰어 들어가는 시즌이라고도 한다. 이런 치열함은 자리 쟁탈전부터 시작되는데, 연중 가장 좋다는 31주차 경쟁부터 시작된다.

〈명량〉을 들고 나온 CJ가 31주차를 먼저 차지한다. 이제는 나머지가 자리를 잡을 차례다. 쇼박스는 한 주 앞인 30주차에 〈군도〉를 가져다 놓고, 롯데는 〈해적〉을 32주차에, NEW는 〈해무〉를 33주차에 가져다 놓는다. 그러고 보니 한 주 차 경쟁 상황이다. 여름시즌에 한 주 차 경쟁이 본격화 된 것은 이때부터다.

---

25) 당시 국내에서는 디즈니와 소니가 같은 배급사인 소니픽쳐스릴리징월트디즈니스튜디오코리아(주)에서 배급하였다.

가을 시장: 의외의 천만 〈인터스텔라〉

2014년은 추석이 9월 둘째 주로 이르다 보니 가을 비수기가 한없이 긴 느낌이 들 정도였다. 이렇게 긴 비수기 끝에 겨우 극장 의자 청소[26]를 하게 해준 것은 폭스다. 9월 〈메이즈 러너〉 그리고 10월 〈나를 찾아 줘〉가 그나마 썰렁했던 시장에 단비 역할을 한다.

그렇게 흥행판이 힘겹게 11월로 접어든다. 11월 6일 워너의 〈인터스텔라〉가 개봉된다. 북미에서는 첫 주 4,751만불로 2위로 시작해서 1억 8,802만불에 그친 영화인데, 우리는 첫 주부터 이상하리만큼 난리가 난다. 러닝타임도 2시간 50분이라 그렇게까지 큰 흥행을 기대하지 않았는데 의외였다. 그뿐인가, 이 영화는 말이 SF지, 우리가 흔히 생각하는 그런 SF영화가 아니다. 오락성이 배제된 드라마영화라고 하는 것이 맞다. 거기에 영화를 즐기기 위해서는 물리학도 좀 알아야 하고 필요한 것이 많은 영화인데 국내에서 27일간 1위를 한다. 그러더니 2014년 〈겨울왕국〉, 〈명량〉에 이어 세 번째 천만영화가 된다. 〈인터스텔라〉가 천만을 할 거라고는 정말 아무도 예상하지 못했다.

SF보다는 가족에 바탕을 둔 드라마였기에 가능했을 것이다. 만약 오락만 넘친 SF였다면 11월에 이 정도 스코어는 힘들지 않았을까? 당시 국내 외국영화 중 역대 박스오피스 1위는 2009

---

26) 관객이 많이 드는 날을 극장에서는 '의자 청소하는 날'이라고 표현한다.

년 개봉된 〈아바타〉로 1,334만이었다. 이 영화에 이어 1,031만으로 2위에 오른다. 〈인터스텔라〉로 인해 확인할 수 있었던 것은 가을에 흥행에 성공하려면 드라마가 유리하다는 것과 11월도 천만이 나올 가능성이 충분하다는 것이다.

겨울 시장: 천만영화 두 편으로 한풀이 한 CJ

2014년은 CJ 입장에서 매우 의미 있는 해다. 여름 시장에 〈명량〉, 겨울 시장에 〈국제시장〉으로 그 힘들다는 천만영화를 두 편이나 배출했으니 말이다. 남들보다 늦은 2009년 〈해운대〉로 처음 천만을 돌파한 후 겨우 2012년이 되어서야 〈광해, 왕이 된 남자〉로 두 번째 천만을 넘긴 영화를 배출한 CJ는 이때까지만 해도 체급에 비해 KO승이 별로 없는 배급사였다. 하지만 2014년을 기점으로 국내 최고의 배급사임을 증명하게 된다.

2013년이 전체관객수 2억을 넘긴 첫 해라면, 2014년은 천만영화가 4편이 나온 첫 번째 해다. 덕분에 연간 전체관객수도 2013년보다 증가한다.

2014년은 최종관객수 100만을 넘긴 영화가 총 47편이 나왔다. 100만, 300만, 500만, 천만 이렇게 네 단계로 나누어 편수를 확인해 보면 다음과 같다.

관객수	100만~300만	300만~500만	500만~천만	천만 이상
편수	27편	13편	3편	4편

박스오피스 10위까지 살펴보면, 1위 CJ 〈명량〉, 2위 CJ 〈국

제시장〉이다. 시대극이 강세였던 해였다. 3위는 디즈니 〈겨울 왕국〉이 차지했고, 4위는 의외의 영화인 워너 〈인터스텔라〉가 차지한다. 네 편 모두 천만을 돌파했다. 5위 롯데 〈해적: 바다 로 간 산적〉, 6위 CJ 〈수상한 그녀〉, 7위 CJ 〈트랜스 포머: 사 라진 시대〉, 8위 CGV아트하우스 〈님아, 그 강을 건너지 마 오〉, 9위 쇼박스 〈군도: 민란의 시대〉, 10위 워너 〈엣지 오브 투모로우〉가 차지했다. 이 중 액션은 4편이다. CJ(CGV아트하 우스 포함) 영화가 총 5편이다. CJ가 장사를 잘한 해이다.

2. 2015년 시장

상반기: 4월 붙박이 마블

배가 부른 사람에게 맛있는 것을 권하면 오히려 고통이라고 했던가? 작년 그 많았던 관객들이 올해는 보이지 않는다. 4월까 지 첫 주말에 100만을 넘긴 영화가 한 편도 나오지 않고 있다.

4월까지 총관객수를 보면 지난해보다 약 천만 정도 빠진 상 태다. 최종관객 500만을 넘긴 영화도 폭스의 〈킹스맨: 시크릿 에이전트〉 한 편뿐이고, 300만을 넘긴 영화는 쇼박스의 〈조선 명탐정: 사라진 놉의 딸〉과 NEW의 〈스물〉, UPI의 〈분노의 질 주: 더 세븐〉이 전부다.

4월말 17주차에 디즈니의 〈어벤져스 : 에이지 오브 울트론〉 이 개봉된다. 한국 촬영분에 대한 호의적 반응이 작용하면서 흥행은 마치 막아둔 물이 일시에 터지는 모양새다. 이 영화 때문에 지금까지 다들 주머니를 닫고 있었던 것일까? 이 영화는 마블영화 최초로 천만을 돌파한다. 이를 시작으로 〈어벤져스〉 시리즈는 국내에 잠재 관객이 천만을 육박하게 되고 4월말은 마블시즌으로 완벽하게 자리를 잡는 계기가 된다.

여름시즌: 이제는 흔해진 천만

올해도 여름시즌은 쇼박스가 30주차에 〈암살〉을 출전시키면서 본격적으로 불이 붙기 시작한다. 쇼박스의 전략 중 하나는 주연급 배우를 다수 캐스팅하여 인해전술로 여름 시장을 공략하는 것이다. 2012년 〈도둑들〉 때도 마찬가지였다.

31주차 자리를 놓고 CJ와 롯데가 치열하게 경쟁한다. 더는 밀리면 안 되겠다 싶었는지 롯데가 〈미션 임파서블: 로그네이션〉을 들고 나와 31주차를 선점한다. 반면 CJ는 자리 보존보다는 실속을 택한다. 일보 후퇴하여 〈암살〉과 2주차 간격을 둔다. 32주차에 〈베테랑〉을 대기시킨다. NEW는 카운터 프로그래밍 전략을 내세워 〈뷰티 인사이드〉를 멀찍이 34주차에 가져다 놓는다.

〈암살〉은 예상대로 초반부터 공격형 전략으로 밀어붙이기 시작한다. 그 결과 첫 주말 244만을 한다. 하지만 2주차에 〈미션 임파서블: 로그네이션〉이 버티고 있다. 이제까지 공격모드였다면 수비모드로 전환할 시점이다. '이길 수 없으면 방어해라!' 2등 유지 전략이 필요하다. 주말 상영회수 〈미션 임파서블: 로그네이션〉 18,527회, 〈암살〉 14,446회, 1등에 바짝 달라붙어서 뛰고 있다. 결국 주말 성적에서 〈미션 임파서블: 로그네이션〉 199만, 〈암살〉 155만으로 잘 이겨낸다. 이렇게 되니 오히려 〈미션 임파서블: 로그네이션〉이 곤욕스러운 상태가 된다. 첫 주말 199만은 31주차 개봉 영화로서는 흥행을 이어가기 쉽지 않은 스코어다. 31주차는 앞과 뒤가 꽉 막힌 날짜인 만큼 압도적으로 세야 경쟁에서 이겨낼 수 있을 뿐만 아니라 그 힘으로 흥행을 이어가는 곳이기도 하다. 전편인 〈미션 임파서블: 고스트 프로토콜〉의 최종관객은 758만이었다. 따라서 〈미션 임파서블: 로그네이션〉의 잠재적 관객은 보수적으로 보아도 700만 근처, 〈미션임파서블: 로그네이션〉이 1주만에 400만을 돌파했으니 이제 남아 있는 힘은 겨우 300만 수준이다. 이 정도로 2주차를 버텨 낼 수 있을까?

드디어 32주차, 올 여름 최고의 격전장이 될 것으로 예고되어 있다. 어느 영화가 2위를 하느냐에 따라 최종관객에서 희비가 갈릴 판이다. 3위로 떨어지는 영화는 하향곡선을 그리게 된다. 드디어 관객들이 매표소에서 투표를 마쳤다. 1위는 〈베테랑〉, 2위 〈암살〉, 3위 〈미션 임파서블: 로그네이션〉. 관객들은 새 영화인 〈베테랑〉으로 먼저 움직였고 다음으로 〈암살〉을 선택했다. 〈암살〉이 2주차에 〈미션 임파서블: 로그네이션〉에 밀리기는 했지만 수비를 잘한 덕분에 천만 흥행이 가능하게 된다.

〈미션 임파서블: 로그네이션〉은 3위로 떨어지면서 급격한 하향곡선을 그리게 된다. 최종관객수 615만으로 마친다. 물론 615만이라는 숫자가 나쁜 스코어는 아니다. 단지 자신의 잠재적 관객 700만에는 못 미쳤다는 뜻이다. 앞선 시리즈인 〈미션 임파서블: 고스트 프로토콜〉이 2011년 겨울시즌을 노렸던 당시에는 2주차에 〈마이웨이〉, 〈셜록 홈즈: 그림자 게임〉이 경쟁작의 전부였다. 남의 패를 제대로 볼 줄 알아야 게임에서 이길 확률이 높아진다. 31주차 개봉은 조금이라도 약하면 뒤가 꽉 막혀 있다 보니 추락도 빨라진다. 롯데는 〈미션 임파서블: 로그네이션〉 2주 후 〈협녀〉를 가져다 놓는다. 이것은 과유불급이다. 스스로 뒤를 막아둔 꼴이니, 〈미션 임파서블: 로그네이션〉도 망하고 〈협녀〉도 같이 망하고 만다. 한꺼번에 둘을 잃은 롯데는 31주차 주인으로서의 자격도 상실한다.

〈베테랑〉은 초반 3파전 때 뺏긴 자신의 잠재적 관객을 2주차에 제대로 확보하더니 역주행 흥행을 시작한다. 역주행 흥행은 대박 가능성이 높다. 결국 공격과 수비를 절묘하게 진행한 〈암살〉과 역주행으로 흥행을 친 〈베테랑〉이 동시에 천만을 돌파한다. 이로써 한 시즌에 천만영화가 두 편이 탄생한 첫 케이스가 된다.

11월 한국영화 시즌?

11월은 한국영화가 최종관객수 300만을 넘기기가 좀처럼 쉽지 않은 구간이었다. 2010년 이후만 살펴봐도 한국영화 최고 기록은 2013년 11월에 개봉된 〈친구 2〉의 297만이다. 외국영화로는 작년에 〈인터스텔라〉가 천만을 넘긴 적이 있다. 상대적으로 11월은 한국영화에게 있어 많이 약한 구간이다.

2015년 11월 첫째 주인 45주차에 CJ는 〈검은 사제들〉을 출전시킨다. 그리고 2주 후 쇼박스가 〈내부자들〉을 출전시킨다. 웬일로 한꺼번에 센 영화 두 편이 링에 올랐다. 〈검은 사제들〉이 544만, 그리고 〈내부자들〉이 707만을 한다. 11월 시장이 알고 보니 대박 시장이었던 것이다. 하지만 이러한 발견을 하고도 흥행영화가 연속해서 나오지 않으면 이 시장은 다시 사라지게 된다.

과거에는 11월 한국영화 시장이 있었다.

'스크린쿼터'라는 게 있다. 스크린 당 일 년에 73일은 의무적으로 한국영화를 상영해야 하는 제도이다. 원래 146일이었던 것이 73일로 줄어든 것이 2006년 7월이다. 스크린쿼터를 못 채우면 영업정지 처분을 받는다. 당시는 극장이 한국영화보다 외국영화를 선호하던 시절이라 11월쯤 되면 스크린쿼터를 못 채운 극장들이 줄줄이 나오기 시작한다. 한 해가 얼마 안 남은 시점이라 굶주린 맹수처럼 한국영화 상영에 열을 올린다. 이왕이면 흥행영화면 더 좋겠지만 그렇지 못하더라도 무조건 해야만 했다. 이때만큼은 한국영화를 배급하는 사람으로서 잠시 행복감을 느낀다. 스크린쿼터 때문이지만 황송하게도 극장들이 스스로 걸어주겠다고 하니, 이보다 더 행복할 수가 없다.

이런 환경으로 인해 11월에 한국영화들이 많이 개봉되었다. 당연히 대박 난 영화들도 나왔다. 1998년 11월 14일 전도연, 박신양 주연의 〈약속〉, 1999년 11월 13일 한석규, 심은하 주연의

〈텔미썸딩〉 등이다. 이런 영화들도 인해 11월에 한국영화 시장이 존재한 적이 있었다.

겨울시즌: CJ의 연승 행렬

CJ는 지난해 재미를 본 〈국제시장〉에 이어 이번에도 실화를 바탕으로 똑같이 황정민을 주연으로 한 〈히말라야〉를 출전시킨다. 경쟁작은 NEW의 〈대호〉와 디즈니의 〈스타워즈: 깨어난 포스〉. 흥행은 예측할 수는 있어도 만들 수는 없다고 했는데, 이번에는 너무 뻔했다. 〈히말라야〉가 1위를 차지하며 흥행할 것이고, 〈스타워즈〉가 〈히말라야〉 관객을 일부 빼앗을 것이고 〈대호〉는 경쟁영화들에 치여 쉽지 않을 것이란 것이 너무 명확했다. 예상대로 흥행은 그렇게 흘러갔다. 이로써 확인된 것은 이번 겨울시즌도 CJ가 강했다는 것뿐이다.

2015년은 천만영화가 3편이 나왔다. 그런데 천만영화가 4편이 나온 2014년보다 관객이 오히려 늘어난다.(2014년 2억 1,507만명, 2015년 2억 1,730만명) 관객수 100만 이상인 영화는 총 46편이 나온다. 이것을 100만, 300만, 500만, 천만 네 단계로 나누면 다음과 같다.

관객수	100만~300만	300만~500만	500만~천만	천만 이상
편수	26편	9편	8편	3편

박스오피스 10위까지를 살펴보면, 1위 CJ 〈베테랑〉, 2위 쇼박스 〈암살〉이다. 작년에는 시대극이 강했다면 올해는 액션이

강세다. 3위는 디즈니 〈어벤져스: 에이지 오브 울트론〉이 차지했고, 4위는 CJ 〈히말라야〉가 차지한다. 역시 여름과 겨울시즌이 강했다. 5위 쇼박스 〈내부자들〉, 6위 쇼박스 〈사도〉, 7위 폭스 〈킹스맨: 시크릿 에이전트〉, 8위 롯데〈미션 임파서블: 로그네이션〉, 9위 NEW 〈연평해전〉, 10위 UPI 〈쥬라기 월드〉가 차지했다.

쇼박스가 3편, CJ가 2편이다. 롯데는 극장으로 돈을 벌어서 오히려 외화에 집중한 해라고 할 수 있다. 롯데가 배급한 한국영화 중에서 〈간신〉이 유일하게 44위를 한 것이 최고 순위다.

전체관객이 작년보다 늘어난 이유는 500만~천만 구간이 3편에서 8편으로 증가한 것이 주된 요인이라 할 수 있다. 즉 천만영화가 늘어난 것보다 중박영화가 늘어나는 것이 오히려 전체관객수 증가에 도움이 된다는 것을 알 수 있다.

3. 2016년 시장

설 시즌: 쇼박스 〈검사외전〉의 선승구전[27]

2016년 설 연휴는 2월초인 6주차부터 시작되었다. 설 시즌 영화들은 5주차부터 출전 준비를 시작한다. 롯데는 〈로봇, 소리〉를 그리고 CJ는 〈쿵푸팬더 3〉를, 그런데 쇼박스는 〈검사외전〉을 한 주 늦은 6주차에 대기시킨다.

---

27) 손자병법에 나오는 말로 '먼저 이겨 놓고 싸운다'는 뜻.

〈쿵푸팬더 3〉는 설 연휴 앞뒤로만 강하지 정작 설 연휴에는 힘을 발휘하지 못할 거라 예상되는 상황이다. 그런데 〈로봇, 소리〉는 어떨지? 〈검사외전〉보다는 약할 것 같은데 얼마큼 약할 것인지? 막상 개봉을 하고 보니 정말 많이 약했다. 이로써 〈검사외전〉의 승리는 따놓은 당상이나 다름없다. 〈검사외전〉은 개봉 7일 만에 500만을 돌파한다. 〈명량〉, 〈부산행〉에 이어 세 번째로 빠르다. 이어 개봉 10일 만에 700만을 돌파한다. 이러다 또 천만영화가 나오는 것은 아닌가? 하지만 영화가 가진 한계로 문턱인 971만에서 멈춘다. 이로써 설 연휴 시장을 홀로 독식하면 어디까지 갈 수 있는지가 확인되었다.

여름시즌: NEW의 반란 〈부산행〉

올해는 쇼박스가 독점하고 있던 30주차를 NEW가 치고 들어간다. 웬일인가 봤더니 〈부산행〉이라는 큼직한 물건을 들고 있다. 31주차는 CJ가 차지한다. 〈인천상륙작전〉을 출전시킨다. 32주차는 롯데가 〈덕혜옹주〉를, 그리고 30주차에서 밀린 쇼박스가 33주차에 〈터널〉을 출전시킨다. 역시 한 주차 경쟁 상황이다.

NEW는 독식을 노리고 30주차를 선택했지만 뭔가 불안하다. 이 자리가 처음이기도 하지만 한번 실패하면 바로 추락하는 자리라는 것을 너무나 잘 알고 있다. 〈부산행〉에 들어간 돈이 얼만데! 〈인천상륙작전〉 개봉 전에 수단 방법 가리지 않고 최대한 관객을 확보해야 한다고 판단한 것 같다. 개봉일 전 주말에 유료시사회[28])를 강행한다. 욕을 먹더라도 실속은 챙기겠다는 속셈이다. 이로써 일단 56만을 확보한다. 이렇게 알차게 관객을 확보한 〈부산행〉은 〈인천상륙작전〉 개봉 전에 누적 관객 600만을 넘기고 이어서 〈덕혜옹주〉 개봉 전에 900만을 넘기더니, 〈터널〉 개봉 전에 천만을 넘긴다. 여름 시장에서 독식이 가능한 곳은 30주차가 유일하다는 것이 다시 한 번 확인되었다.

추석 시즌: 연착륙에 성공한 로컬프로덕션

할리우드 직배사가 로컬영화에 투자하고 배급하는 것을 로컬프로덕션이라고 부른다. 우리 시장에서 본격적으로 로컬프로덕션이 시작된 것은 20세기폭스에 의해서이다.[29] 폭스는 폭스인터내셔널프로덕션 코리아를 설립하고 〈런닝맨〉을 시작으로 〈슬로우 비디오〉, 〈나의 절친 악당들〉을 거쳐 〈곡성〉으로 큰 성공을 거둔다. 뒤이어 워너브러더스가 워너브러더스 코리아라는 로컬프로덕션을 세우고 〈밀정〉을 첫 번째 작품으로 선택한다.

로컬프로덕션 영화들은 개봉일을 잡을 때 본국 영화와의 조율이 필요하다. 자국 영화, 즉 할리우드 영화들과 개봉일이 겹치지 않게 조정해야 하고, 좋은 시즌에는 본국 영화들에게 자

28) 유료시사회: 말이 유료시사회이지 개봉이나 마찬가지다. 개봉과의 차이점은 극장수가 적다는 것뿐이다. 이런 명칭을 사용하여 일주 전 유료시사회를 강행한 최초의 영화는 2005년에 개봉되었던 쇼박스의 〈웰컴 투 동막골〉이다.
29) 2002년 디즈니의 전신인 브에나비스타인터내셔널 코리아가 안병기 감독의 〈폰〉을 투자·배급한 적이 있지만 당시는 로컬프로덕션 시스템은 아니었다.

리를 양보해야 하기 때문이다. 그런 이유로 〈런닝맨〉은 4월 4일, 〈슬로우 비디오〉는 10월 2일, 〈나의 절친 악당들〉은 6월 25일, 〈곡성〉은 5월 11일 개봉되었다. 모두 비수기 시장이다. 그런 의미에서 〈밀정〉의 추석 입성은 특이한 일이기도 하지만, 한편으로는 명절시즌 개봉은 로컬프로덕션 영화에게 있어 좋은 대안이 될 수도 있는 상황이다.

〈밀정〉의 경쟁작은 CJ의 〈고산자: 대동여지도〉 그리고 롯데의 〈벤허〉이다. 이 시장에서 3주간 1위를 차지하면서 워너의 첫 로컬프로덕션 영화는 흥행에 성공한다. 최종관객수 750만을 한다. 폭스의 〈곡성〉과 함께 로컬프러덕션 영화들이 자리를 잡은 해로 기록된다.

10월 비수기 시장: 그 가을의 〈럭키〉

10월은 비수기 시장이다. 쇼박스는 이 시장에 〈럭키〉를 들고 나온다. 첫 주말관객 164만, 10월 개봉된 한국영화 중 역대 최고 기록이다. 최종관객 698만을 한다. 그렇다면 10월은 코미디가 답이 될 수 있을까? 이런 식이라면 여태껏 비법을 찾지 못할 이유가 없었을 것이다. 코미디는 언제든 관객층이 존재하기 마련이다. 이번에는 너무 오랫동안 나오지 않았던 것이 이유로 보인다.

2016년 설 영화인 〈검사외전〉 이후 흥행한 영화를 살펴보면, 〈귀향〉, 〈날 보러와요〉, 〈시간이탈자〉, 〈곡성〉, 〈아가씨〉, 〈부산행〉, 〈인천상륙작전〉, 〈덕혜옹주〉, 〈터널〉, 심지어 올

관객수	100만~300만	300만~500만	500만~천만	천만 이상
편수	33편	8편	10편	1편

추석 시즌 영화에도 코미디가 없었다. 이런 이유로 〈럭키〉가 흥행이 됐다고 보는 것이 10월에는 코미디가 흥행된다는 관점보다는 덜 위험해 보인다.

이 해에는 천만영화가 1편밖에 안 나왔다. 그런데도 전체관객수는 천만영화가 3편이 나왔던 작년과 별 차이가 없다. 2015년 2억 1730만, 2016년 2억 1703만. 관객수 100만 이상인 영화는 총 52편이 나온다. 이것을 100만, 300만, 500만, 천만 네 단계로 나누면 위 표와 같다.

작년과 비교하면 천만 이상은 3편에서 1편으로 줄고, 500만~천만 구간은 8편에서 10편으로 증가했고, 300만~500만 구간은 1편이 줄었고, 100만~300만 구간은 7편이나 늘었다. 즉 천만영화가 전체관객수를 늘려주는 것은 아니라는 사실이 확실해졌다. 중박영화가 늘어나는 것이 오히려 시장을 확대시키는 역할을 하고 있음을 다시 한 번 각인시켜 주고 있다.

박스오피스 10위까지 살펴보면, 1위는 NEW의 〈부산행〉, 2위는 설 시즌 영화인 쇼박스의 〈검사외전〉이 차지했다. 3위는 4월에 개봉된 디즈니의 〈캡틴 아메리카: 시빌 워〉, 4위는 추석 영화로 워너의 〈밀정〉, 5위는 겨울시즌 영화인 CJ의 〈마스터〉가 차지했다. 올해는 시대극보다는 현대극이 우위를 점했고, 마블영화는 작년에 이어 올해도 3위를 차지하였다. 6위는 여름

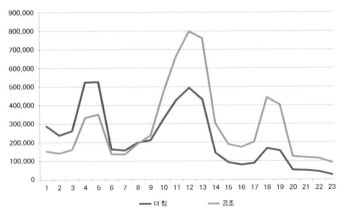

<더 킹>과 <공조>의 흥행 그래프

시즌 영화인 쇼박스의 〈터널〉이, 7위도 역시 여름시즌 영화인 CJ의 〈인천상륙작전〉이, 8위는 10월 개봉된 쇼박스의 〈럭키〉가, 9위는 5월에 개봉된 폭스의 〈곡성〉이, 10위는 여름시즌 영화인 롯데의 〈덕혜옹주〉가 차지했다. 쇼박스가 남들보다 조금 더 선전한 해이다.

4. 2017년 시장

설 시즌: NEW 〈더 킹〉을 엎어친 CJ 〈공조〉

CJ의 〈공조〉와 NEW의 〈더 킹〉이 설 연휴 1주 전 함께 개봉되면서 정면승부를 한다. 개봉 초반 '위험을 감수하는 소중한 관객'들은 〈공조〉보다는 〈더 킹〉을 선택한다. 첫 주말관객 〈더 킹〉 131만, 〈공조〉 85만이다. 〈더 킹〉은 이 스코어를 그대로 유지하고 싶었겠지만 연휴로 접어들면서 역전된다.

이런 경우는 사실 설 시즌 홍행판에서는 흔치 않은 일이다. 관객차를 좁히거나 넓히는 경우는 있지만 순위가 바뀌는 경우는 정말 드문 일이다. 그런데 바뀌고 만다. 이 현상은 아마도 설 연휴 전과 연휴로 접어 든 후의 관객이 다름으로 해서 나타난 것으로 보인다. 2017년은 설 연휴가 1월 마지막 주, 즉 4주차에 시작되었다. 두 영화는 3주차에 개봉된다. 시기적으로 보면 아직은 겨울시즌 관객들이 존재할 때다. 그러다 한 주차이기는 하지만 설 연휴로 접어들면서 관객 선호 대상이 급변한 것으로 보인다.

일반적으로 영화는 위험을 감수하는 소중한 관객에 이어 모방 관객이 드는데, 이번 경우는 시장이 바뀌면서 위험을 감수하는 소중한 관객이 새롭게 형성된 것 같다. 이후 새로 형성된 초기 관객들에 맞추어 새로운 모방 관객이 형성되고 이어서 다수결을 신뢰하는 관객으로 이어진 듯하다. 이런 현상으로 인해 시작은 〈더 킹〉이 좋았으나 최종적으로 〈공조〉 782만, 〈더 킹〉 532만을 하면서 결과적으로 역전이 되고 만다.

5월초 연휴를 놓고 벌어진 한국영화 3파전

5월 3일(수) 석가탄식일, 5월 5일(금) 어린이날, 그리고 주말 그리고 또 5월 9일(화) 대통령선거까지 황금연휴가 만들어진다. 배급하는 사람들은 이것을 놓칠 리 없다. 연휴 1주 전인 4월 26일 CJ 〈임금님의 사건수첩〉, 그리고 쇼박스 〈특별시민〉

이 개봉된다. 한 주 후인 5월 3일에는 롯데 〈보안관〉까지 개봉되면서 한국영화 3파전이 벌어진다. 여기에 디즈니의 〈가디언즈 오브 갤럭시 Vol.2〉까지 가세한다.

첫 승부가 있던 4월말 주말 박스오피스 1위는 〈특별시민〉 60만이고, 2위는 〈임금님의 사건수첩〉 52만이다. 그다음 주 주말 박스오피스 1위는 〈가디언즈 오브 갤럭시 Vol.2〉 88만, 2위는 〈보안관〉 84만, 3위는 〈보스 베이비〉, 4위 〈임금님의 사건수첩〉, 6위 〈특별시민〉이다. 최종관객수 〈가디언즈 오브 갤럭시 Vol.2〉 274만, 〈보안관〉 259만, 〈임금님의 사건수첩〉 164만, 〈특별시민〉 140만이다.

아무리 황금연휴라 하더라도 한국영화 3파전은 무리였음을 알 수 있다. 한국영화끼리 박 터지다 보니 〈가디언즈 오브 갤럭시 Vol.2〉를 상대할 힘이 남아 있지 않게 되어 한국영화 3파전은 서로에게 피해만 주고 만다.

여름시즌: CJ 〈군함도〉의 논란

CJ는 이번 여름시즌에 대한 기대가 크다. 그래서 늘 가던 31주차 대신 한 주 당겨 30주차를 노린다. 30주차는 시장 독식이 가능한 자리이기도 하지만 자칫 잘못 판단했다가는 1주 흥행으로 끝나고 마는 자리이기도 하다. CJ는 개봉 전부터 확실한 승자로서 자신감을 보인다. 그럴 수밖에 없는 것이 실화를 바탕으로 한 시대극인데다 엄청난 제작비가 투입되었고 거기에 흥행이 보장된 감독의 영화였기 때문이다.

30주차에 〈군함도〉가 개봉된다. 첫날 관객수 97만, 역대 1위 성적이다. 개봉하자마자 예상 관객이 천만을 넘긴다. 그런데 여기에 찬물을 끼얹는 사태가 벌어진다. 그것도 여러 개가 한꺼번에 터진다. 스크린 독과점, 국수주의 논쟁, 고증 문제 등등, 초기 관객인 위험을 감수한 소중한 관객들은 영화의 흥행을 만들어 주는 중요한 역할을 하지만 실망을 줄 경우 가차 없이 의견을 바로 표출해 버린다. 이들에 의해 문제들이 하나하나씩 불거지기 시작한다.

흥행에 있어 관객은 소중하면서도 그만큼 두려운 존재이다. 그들이 분노하면 두렵다. 하지만 진정 두려워해야 하는 것은 그들의 분노가 아닌 무관심이다. 분노는 그만큼 사랑이 남아 있는 것이기에 받아들이고 반성하고 다시 영화를 잘 만들면 되지만 무관심은 그렇지 않다. '한국영화 왜 봐?'라는 말보다 무서운 반응은 없다.

〈군함도〉의 잠재적 관객이 1주 뒤 개봉된 〈택시운전사〉로 갈아타고 만다. 〈택시운전사〉는 첫 주말관객 293만을 기록하며 천만영화의 시동을 걸게 된다. 〈군함도〉 최종관객 659만, 〈택시운전사〉 1,219만을 한다.

추석 시즌: 〈남한산성〉을 넘어 〈범죄도시〉로

2017년 추석 연휴는 장장 10일간 이어지는 역대급 휴일이었다. 이 시장을 노리고 CJ, 롯데, 워너, 폭스, 메가박스가 출정한다. 쇼박스와 NEW는 출전을 포기한다. 연휴가 긴만큼 추석 연휴가 시작되는 주를 바로 노려도 충분한 상황. 이 주에 〈남한산성〉과 〈범죄도시〉가 개봉된다.

다른 경쟁영화들로는 3주 일찍 개봉하는 바람에 막상 연휴를 넘길 힘을 소진하고 만 롯데의 〈아이캔스피크〉, 2주차로 넘어오고 있는 워너의 〈레고 닌자고 무비〉는 이미 경쟁에서 탈락한 상태고 폭스의 〈킹스맨: 골든 서클〉 정도만 겨우 살아남은 상태였다. 결국 이번 황금 추석 연휴를 놓고는 〈남한산성〉과 〈범죄도시〉가 경쟁하는 2파전 양상이 되었다.

〈남한산성〉이 1위, 〈범죄도시〉가 2위로 시작한다. 개봉 전부터 이미 〈범죄도시〉가 〈남한산성〉을 넘지 못할 거라 예상되었다. 〈범죄도시〉의 등급이 청소년관람불가라는 것이 가장 컸고 상대적으로 〈남한산성〉보다 캐스팅에서 밀린 것도 이유였다. 위험을 감수하는 소중한 관객들은 상대적으로 우위에 있는 〈남한산성〉으로 먼저 움직일 것이고 이어서 2차 관객인 모방 관객도 그대로 움직일 것으로 보았다.

하지만 연휴 마지막으로 접어들면서 예상이 빗나갔음을 알게 된다. 긴 연휴로 인해 추석 시즌 관객이 빨리 빠져나가고 그 자리에 가을 관객이 일찌감치 들어오는 바람에 후반 관객이 바뀐 것이다. 〈남한산성〉은 모방 관객에 이어서 다수결을 신뢰하는 관객이 뒤를 잇지 못한 데 비해, 〈범죄도시〉은 흥행은 늦었지만 모방 관객 증가 현상이 나타나면서 다수결을 신뢰하는 관객들이 〈범죄도시〉로 움직이는 현상이 나타났다. 결국 최종 성적은 〈범죄도시〉 688만, 〈킹스맨: 골든서클〉 495만, 〈남한산성〉385만, 〈아이캔스피크〉328만, 〈레고 닌자고 무비〉15만을 한다. 연휴 시즌에는 영화가 기대치에 못 미치거나 연휴가 길 경우 시즌 관객들이 일찍 빠져나가고 새로운 관객층이 형성되고 있었다.

겨울: 롯데의 〈신과 함께: 죄와 벌〉

오랜 연륜에도 불구하고 롯데는 배급에서만은 초급 수준에서 벗어나지 못하고 있는 느낌이다. 노하우가 쌓이지 않은 건지, 간절하지 않은 건지 잘 모르겠지만 늘 답답한 모습이다. 2016년 〈당신, 거기 있어 줄래요〉를 겨울시즌 영화로 내놓으면서 〈판도라〉와 〈마스터〉 사이에 배치시켜 스스로 앞뒤가 막힌 배급이 되게 하고, 〈조선마술사〉를 남들이 다 기피한다는 1월 1일에 개봉시키고, 설 시즌에는 〈로봇, 소리〉를 연휴 2주전에 개봉시켜 〈검사외전〉에게 독식 찬스를 주는 등 납득할 수 없는 모습을 많이 보였다.

2017년 겨울 그런 롯데의 손에 어마어마한 물건이 쥐어진다. 그런데 이게 어느 정도 물건인지 감을 못 잡은 듯 개봉일을 가지고 우왕좌왕 어찌할 바를 모르고 있다. 흥행판에서는 대작이 먼저 개봉일을 잡아주는 것이 다른 영화에 대한 예의다. 이것은 배급에 있어 선진국이라고 하는 할리우드도 마찬가지다. 대작이 먼저 개봉일을 정해줘야 다른 영화들이 이에 맞춰 전략을 세우고 피해를 최소화시킬 수 있기 때문이다.

다른 배급사들이 눈치를 보고 있는데도 마지막까지 개봉일을 정하지 못하다가 결국 〈강철비〉가 날짜를 정한 후에야 개봉일을 정한다. 그렇게 51주차에 〈신과 함께: 죄와 벌〉이 개봉되어 롯데에게 그렇게 바라던 천만영화를 처음으로 안겨주더니 바로 이어 2018년 여름에 〈신과 함께: 인과 연〉으로 두 번째 천만영화를 안겨준다.

5. 2018년 시장

설 시즌: 디즈니의 〈블랙 팬서〉 열풍

2018년도는 시작부터 불길했다. 당연히 설 연휴를 바로 노릴 것으로 본 〈염력〉을 NEW는 이상하리만큼 엄한 곳에다 개봉시킨다. 〈부산행〉의 연상호 감독 영화인데 설 연휴 2주 전 개봉이다. 결과를 보니 그럴 만했다. 설을 바로 노리기에는 자신이 없었던 것이다. 새해가 시작되자마자 이렇게 기대작이 망하고 만다.

본격적인 설 경쟁은 6주차부터 시작된다. 설 연휴 1주 전인 6주차에 쇼박스의 〈조선명탐정: 흡혈괴마의 비밀〉이 가장 먼저 개봉되고 설 연휴 주에 CJ의 〈골든 슬럼버〉, 롯데의 〈흥부〉가 개봉된다. 〈조선명탐정: 흡혈괴마의 비밀〉만 겨우 이름값을 하고 나머지는 모두 흥행에 실패하고 만다.

관객들은 한국영화에 실망을 했지만 설 연휴 극장 나들이는 포기하지 않았다. 디즈니의 〈블랙 팬서〉가 있었기 때문이다. 디즈니로서는 오랜만의 설 시즌 출정이다. 설 시즌은 한국영화가 강하다 보니 위험할 수도 있는 배급이었지만 마블은 역시 셌다. 한국영화들이 맥을 못 추고 만다. 최종관객수 〈블랙 팬서〉 540만, 〈조선명탐정: 흡혈괴마의 비밀〉 244만, 〈골든 슬럼버〉 139만, 〈흥부〉 42만이다. 예상컨대 앞으로 설 시즌도 디즈니의 공세가 시작될 것 같다.

봄 시장: 〈곤지암〉과 〈어벤져스: 인피니티 워〉

연초부터 시작된 한국영화의 부진은 3월말이 되어서야 첫 주말관객수 100만에 육박하는 영화가 나오면서 한숨 돌리게 된다. 쇼박스의 〈곤지암〉이 바로 그것이다. 같이 개봉된 CJ 〈7년의 밤〉과 워너 〈레디 플레이어 원〉를 제치고 1위에 오른다. 〈곤지암〉은 이후 〈어벤져스: 인피니티 워〉 개봉 전까지 흥행을 이어가더니 공포영화로는 대박이라고 할 수 있는 268만을 한다.

〈곤지암〉 전까지 3월은 공포영화의 흥행 가능성에 대하여 진단이 안 된 상태였다. 쇼박스는 과감하게 3월에 〈곤지암〉을 내놓았고 흥행을 이어갔다. 이로써 3월에 공포영화 시장이 있음이 확인되었다.

4월말 〈어벤져스: 인피니티 워〉가 개봉되면서 2015년의 전작에 이어 두 번째로 천만을 돌파한다. 이로써 4월말은 확고하게 마블시즌으로 자리를 잡는다. 이제 4월말은 반드시 피해야 할 날짜가 되었다.

가을 시장: 〈보헤미안 랩소디〉의 열풍

폭스도 이만큼 흥행되리라고는 예상하지 못했을 것이다. 44주차인 11월 첫째 주에 개봉된 〈보헤미안 랩소디〉는 경쟁영화인 롯데의 〈완벽한 타인〉에 밀려 첫 주말관객수 52만으로 2위로 시작한다. 이 스코어로 예상되는 최종관객수는 겨우 150만이다. 2주차에도 〈완벽한 타인〉에 이어 2위를 유지한다. 그런데 묘하게도 첫 주말보다 관객수가 늘어난 2위다. 뭔가 심상치 않은 느낌이 든다. 3주차는 수능 특수가 있는 주다. 새로 개봉한 워너의 〈신비한 동물들과 그린델왈드의 범죄〉가 1위를 한다. 여기서 3위면 성공이라고 본 〈보헤미안 랩소디〉가 2위를 한다. 거기에 주말관객수가 82만으로 또 늘어났다. 이제는 역주행 흥행임을 선언해도 될 듯싶다.

4주말에 TOP을 친다. 95만이다. 이 흥행은 꺼질 기미를 보이지 않고 꾸준하게 이어진다. 결국 천만을 가느냐 마느냐까지 이른다. 〈보헤미안 랩소디〉는 천만에서 5만이 부족한 최종관객수 995만을 한다. 우리나라 사람들이 이렇게 퀸을 좋아했었나? 정말 신기한 노릇이다. 우리나라에서 역주행 흥행의 대부분은 음악 관련 영화에서 나오고 있다.

겨울시즌: 한국영화, 마약 먹고 몰살

불길한 예감은 왜 틀린 적이 없나? 참 신기하다. 2018년 초반 불길했던 징조가 후반까지 이어지고 만다. 한 해를 마무리하는 겨울시즌에 쇼박스가 〈마약왕〉을, NEW가 〈스윙키즈〉

를, CJ가 〈PMC: 더 벙커〉를 출전시킨다. 국내 4대 배급사 중 롯데만 제외하고 모두 출정한 것이다. 결과부터 보면 〈마약왕〉 186만, 〈스윙키즈〉 147만, 〈PMC: 더 벙커〉 167만. 겨울시즌에 한국영화가 이렇게까지 망가진 적은 없었다.

시즌이란 기본적으로 일정 수준 이상의 잠재적 관객이 존재함을 의미한다. 다시 말해 무엇을 볼지 아직 선택하지는 않았지만 준비된 관객이 평균 이상 존재하고 있기에 우리는 그곳을 시즌이라고 한다. 이 잠재적 관객 안에는 위험을 감수하는 소중한 관객과 모방 관객, 그리고 다수결을 신뢰하는 관객이 다 있다. 2018년 겨울시즌 잠재 관객의 대다수는 〈마약왕〉을 기대했다. 하지만 몇 가지 걸림돌이 존재한다. 청소년관람불가, 마약 소재, 어두운 범죄영화라는 것이다. 기존 겨울시즌 흥행영화들과는 분명 다르다. 그래도 주연배우인 송강호에 대한 신뢰도가 높다 보니 다른 영화들에 비해 흥행 가능성이 높은 상태다. 역시나 초기 관객의 상당수가 〈마약왕〉으로 움직였다. 하지만 반응은 기대 이하다. 자체 흥행성 하락이 클 수밖에 없는 영화가 되어 버린다. 한국영화 대표선수에 대한 실망으로 인해 모방 관객이 한국영화로 움직이는 것을 멈춘다. 결국 관객은 51주차에 같이 개봉된 워너의 〈아쿠아맨〉으로 갈아탄다.

한국영화에 대한 위기의식이 또다시 고개를 들기 시작했다.

6. 천만영화의 흥행 공식

1. 천만의 시작

어떤 영화를 천만이 넘는 관객이 보았다면, 이는 흥행영화 중에서도 초대박 영화이다. 우리 흥행판에서는 집단적 관객이 최대치에 이르는 바로메타로 천만을 기준으로 하고 있다.

천만이라는 숫자는 배급에 종사하는 사람들도 쉽게 예측할 수 없는 것으로 심지어 상영 중에도 예측하기 어렵다. 천만이라면 우리나라 국민 5명 중 1명꼴인데, 거기에 전체 인구가 아닌 실제 영화를 관람하는 층을 고려하면 이 숫자는 더 커지고 예측은 더욱 어려워진다. 예측 자체가 어렵다 보니 '천만영화'는 최고의 흥행을 일컫는 용어로 흥행판에서 통용되게 된다.

2003년 이전까지만 해도 천만 관객 동원은 그 자체로 불가능하다고 여긴 터라 당시 충무로에서는 입에조차 올린 적이 없었다. 감히 꿈도 꿀 생각도 하지 않았다.

2003년 12월 24일 크리스마스이브에 〈실미도〉가 개봉된다. 이날과 다음날인 성탄절은 일일 최고 관객이 쏟아져 나오는 날이다. 당연히 여기서 흥행을 타면 그 힘은 만만치 않다. 〈실미도〉는 전국 325개 스크린으로 시작한다. 역대 최고의 스크린 수다. 첫날 31만, 둘째 날 37만을 기록한다. 이 수치 또한 당시로서는 역대 일일 최고 기록이다. 첫 주말 88만도 당연히 역대 최고 주말관객수가 되었다. 이런 흥행이 이어지고 있는데도 당시 아무도 천만은 생각하지 않고 있었다.

〈실미도〉는 겨울시즌 초반부터 흥행을 타 그 상태로 연말을 지나 2004년 새해로 들어선다. 흥행은 여전히 상승기류다. 2주차 주말관객수 95만, 일명 '게쓰아가리(역주행 흥행)'가 난다. 뭔가 심상치 않은 분위기가 흐른다. 배급을 하다 보면 얻게 되는 어떤 촉이란 것이 있는데, 그 촉이 감을 잡기 시작한다. '이거 낌새가 이상하다?' 시간이 흐를수록 서울보다 지방에서 더 거세게 치고 올라오기 시작한다. 이 정도 분위기라면 한국영화 최고 기록은 세울 것 같다.

당시는 극장 수가 지금보다 훨씬 적었던 터라 초반에 관객이 확 몰리는 모습은 볼 수 없다. 얼마나 오래 극장에 걸릴 수 있느냐? 즉 흥행을 하기 위해서는 긴 상영기간, 즉 롱런이 필요했던 시기였다.

2004년 설은 1월 22일로 이른 설이었다. 이것이 〈실미도〉

강우석 감독의 〈실미도〉

의 후반 흥행에 다시 한 번 도움을 줄 것이란 예감이 들었고, 그 예감은 적중하여 설 시즌에 추가 흥행이 이루어진다. 이것은 정말 흥행에 있어서 행운 같은 것이다. 그렇게 설 연휴가 지나고 나니 〈실미도〉는 전국 800만에 육박하고 있었다. 이제는 조심스럽게 천만을 기대해도 되지 않을까 하는 생각을 하게 되었다.

그런데 엄청난 복병이 나타난다. 〈태극기 휘날리며〉가 2월 5일 개봉 대기 중에 있다. 시사회 등을 통해 엄청난 적수임을 확인했던 터라 흥행이 여기서 멈추지 않을까 하는 염려가 들 정도다. 한 치도 양보할 수 없는 강대강[30] 대치 상황. 〈실미도〉는 반드시 이 난관을 뚫어야 하고 〈태극기 휘날리며〉는 있는 힘껏 막아야만 하는 상황이다.

두 영화의 경쟁은 〈태극기 휘날리며〉가 개봉하기 전부터 시작되었다. 이 불은 신문광고—당시에는 신문광고가 최고의 광고였다—에서부터 시작되어 서로 물량공세로 광고를 퍼붓기 시작한다. 여기서 '천만'이란 용어가 국내 최초로 신문광고 카

---

30) 강대강(强對强), 즉 경쟁 상대에 대한 강력한 대응을 일컫기도 하지만, 당시에는 강우석 감독과 강제규 감독의 대결을 일컫는 말이기도 했다.

피로 등장하게 된다. 아무도 엄두도 내지 못한 '천만'이라는 용어를 거침없이 광고 카피에 사용하기 시작한다.

〈실미도〉는 '여러분이 최초로 한국영화 천만을 만들어 주는 첫 관객이 될 것입니다'라는 의미를 담아 광고를 시작했고, 〈태극기 휘날리며〉도 이에 지지 않고 '천만이 될 영화'라는

강제규 감독의 〈태극기 휘날리며〉

카피를 앞세운 대대적인 광고로 맞받아친다. 한쪽은 최초의 천만영화라는 카피로, 다른 한쪽은 그 천만영화를 뛰어넘는 또 한 편의 천만영화라는 의미가 담긴 광고가 당시 신문 지면을 뒤덮는다.

〈실미도〉는 2월 19일 천만을 넘긴다. 이로써 한국영화사에 흥행 기록을 다시 쓰게 된다. 그로부터 채 한 달이 안 된 3월 14일 〈태극기 휘날리며〉가 또 다시 천만을 넘긴다. 천만영화가 탄생하자마자 바로 '쌍 천만시대'가 열린다.

지금까지 불가능하다고만 생각했던 천만영화가 연속해서 나오니 연일 언론에서는 '천만'을 키워드로 해서 기사를 쏟아내기 시작한다. 이로 인해 일반 관객들에게 '천만영화'가 순식간에 익숙한 단어가 되어 버리고 그들은 스스로 천만 관객 안에 자신이 포함되었다는 사실을 느낀다. '천만'이라는 숫자가 초대박 홍행 영화의 바로미터가 되는 순간이다.

〈실미도〉는 서울 326만 전국 1,108만을, 〈태극기 휘날리며〉
는 서울 351만 전국 1,175만을 기록한다.

2. 천만영화의 공통점

이제 천만영화에 대해 하나하나 알아볼 차례다. 천만영화에
는 도대체 어떤 공통점들이 있을까? 홍행판의 관점에서 천만영
화를 살펴보면 다음과 같은 공통점들을 찾을 수 있다.

2012년 이후 매년 홍팽판에 천만영화가 나오고 있다. 평균
적으로 1년에 2편 이상이다.[31] 〈아바타〉, 〈겨울왕국〉, 〈인터

연도별 천만영화 편수

년도	편수	영화명
2003	1	실미도
2004	1	태극기 휘날리며
2005	1	왕의 남자
2006	1	괴물
2009	2	아바타, 해운대
2012	2	도둑들, 광해: 왕이 된남자
2013	2	7번방의 선물, 변호인
2014	4	겨울왕국, 명량, 인터스텔라, 국제시장
2015	3	어벤져스: 에이지 오브 울트론, 암살, 베테랑
2016	1	부산행
2017	2	택시운전사, 신과 함께: 죄와 벌
2018	2	어벤져스: 인피니티 워, 신과 함께: 인과 연

31) 2019년 7월 현재, 〈극한직업〉 1624만, 〈어벤져스: 엔드게임〉 1394만, 〈알
라딘〉 1250만, 〈기생충〉 1008만으로 천만영화가 4편이 나온 상태다. 이 책에서
는 2019년은 제외하였다.

스텔라〉, 〈어벤져스: 에이지 오브 울트론〉, 〈어벤져스: 인피니티 워〉 이렇게 5편을 제외하고 전부 한국영화다. 한국영화가 외국영화보다는 천만영화가 될 확률이 높다.

개봉일을 기준으로 보면 역시 최고의 시즌답게 여름시즌에 천만영화가 가장 많이 나왔다. 그다음이 겨울시즌이고, 설과 추석의 명절시즌에는 각각 1편이 나왔다.

같은 해 여름시즌과 겨울시즌에 동시에 천만영화가 나온 해

역대 천만 흥행 영화 순위(2019년 3월 현재 총 23편)

	영화명	관객수(만명)	개봉일
1	명량	1,761	2014년 7월 30일
2	극한직업	1,626	2019년 1월 23일
3	신과 함께: 죄와 벌	1,441	2017년 12월 20일
4	국제시장	1,426	2014년 12월 17일
5	베테랑	1,341	2015년 8월 5일
6	아바타	1,334	2009년 12월 17일
7	도둑들	1,298	2012년 7월 25일
8	7번방의 선물	1,281	2013년 1월 23일
9	암살	1,271	2015년 7월 22일
10	광해: 왕이된 남자	1,232	2012년 9월 13일
11	신과 함께: 인과 연	1,228	2018년 8월 1일
12	택시운전사	1,219	2017년 8월 2일
13	부산행	1,157	2016년 7월 20일
14	변호인	1,137	2013년 12월 18일
15	해운대	1,132	2009년 7월 22일
16	어벤져스: 인피니티 워	1,121	2018년 4월 25일
17	태극기 휘날리며	1,175(비공식)	2004년 2월 5일
18	실미도	1,108(비공식)	2003년 12월 24일
19	괴물	1,092	2006년 7월 27일
20	왕의 남자	1,051	2005년 12월 29일
21	어벤져스: 에이지 오브 울트론	1,049	2015년 4월 23일
22	인터스텔라	1,031	2014년 11월 06일
23	겨울왕국	1,030	2014년 1월 16일

개봉 시즌별 천만영화 편수

시즌	편수	영화명
여름시즌	9	괴물, 해운대, 부산행, 택시운전사, 신과 함께: 인과 연, 암살, 도둑들, 베테랑, 명량
겨울시즌	7	실미도, 겨울왕국, 왕의 남자, 변호인, 아바타, 국제시장, 신과 함께: 죄와 벌
설 시즌	1(2)	7번방의 선물, (극한직업-2019년 4월 현재)
추석 시즌	1	광해, 왕이 된 남자
2월	1	태극기 휘날리며
4월	2	어벤져스: 에이지 오브 울트론, 어벤져스: 인피니티 워
11월	1	인터스텔라

2013년 이후 개봉 시즌별 천만영화 편수

시즌	편수	영화명
여름시즌	6	부산행, 택시운전사, 신과 함께: 인과 연, 암살, 베테랑, 명량
겨울시즌	4	겨울왕국, 변호인, 국제시장, 신과 함께: 죄와 벌
설 시즌	1(2)	7번방의 선물, 극한직업(2019년 4월 현재)
4월	2	어벤져스: 에이지 오브 울트론, 어벤져스: 인피니티 워
11월	1	인터스텔라

는 2009년, 2014년, 2017년이다.

그 외 4월은 일명 마블시즌답게 마블영화만 2편이 나왔고 나머지는 2월과 11월에 각각 1편씩 나왔다. 최근 경향을 파악하기 위해 2013년 이후 상황만 보면 위 표와 같다.

최근 상황을 살펴봐도 확실히 여름시즌과 겨울시즌이 천만영화가 나올 확률이 높다. 그다음으로는 명절시즌인데, 데이터 상으로는 추석 시즌보다 설 시즌이 상대적으로 확률이 높아 보인다. 2월과 11월은 없다.[32]

반대로 앞으로 4월은 MCU로 인해 천만영화가 나올 확률이 매우 높아졌다.

천만영화의 장르 분석

천만영화의 장르를 분석해 보니, 드라마 > 액션 > 어드벤처 > 판타지 > SF 순이다. 한국영화는 드라마 > 액션 > 사극 > 판타지 > 재난 순이고, 외국영화는 어드벤처 > 액션 > 판타지 > SF 순이다.

메인 장르만 살펴보면 한국영화는 드라마 > 액션 > 사극 > 판타지 > 재난 순이다. 드라마 장르가 액션보다 천만 흥행 가능성이 높다. 7월에 개봉되는 액션영화의 경우 짧은 시즌과

---

32) 2019년 들어서 5월 개봉된 〈알라딘〉과 〈기생충〉이 천만을 한다.

천만영화의 장르 분석

영화명	장르	비고
명량	사극, 드라마, 전기	15세
신과 함께: 죄와 벌	판타지, 드라마	12세
국제시장	드라마	12세
베테랑	액션, 드라마,	15세
아바타	SF, 액션, 어드벤처	12세
도둑들	액션, 드라마	15세
7번방의 선물	드라마,코미디	15세
암살	액션, 드라마	15세
광해, 왕이 된 남자	사극, 드라마	15세
신과 함께: 인과 연	판타지, 드라마	12세
택시운전사	드라마, 역사	15세
부산행	재난, 스릴러, 액션	15세
변호인	드라마	15세
해운대	재난, 액션, 어드벤처, 드라마	12세
어벤져스: 인피니티 워	액션, 어드벤처, 판타지	12세
태극기 휘날리며	드라마, 전쟁	15세
실미도	드라마, 전쟁	15세
괴물	드라마, SF,	12세
왕의 남자	사극,드라마	15세
어벤져스: 에이지 오브 울트론	액션, 어드벤처, 판타지	12세
인터스텔라	SF	12세
겨울왕국	어드벤처,코미디, 판타지	전체

치열한 경쟁 구도, 그리고 장르가 가지고 있는 단기 흥행성 등으로 인해 개봉 시 스크린을 최대로 잡아야 가능성이 높고, 12월에 개봉되는 드라마 장르는 장기 상영만 가능하다면 상대적으로 천만 흥행 가능성이 높다 하겠다.

　　장르로 특징을 뽑아내기에는 부족한 부분이 많다. 장르 간 경계가 모호한 부분도 많고 해서 키워드 분석을 해 보았다.

　　앞서 장르를 통해 천만영화의 공통점을 알아보았다면 이번

천만영화의 키워드 분석

영화명	키워드	비고
명량	전쟁, 시대, 전술, 장군, 바다, 이순신, 실화 바탕, 해전	15세
신과 함께: 죄와 벌	웹툰 원작, 저승, 저승사자, 검사, 사후세계	12세
국제시장	가족, 시대, 실화 바탕, 아버지, 부산, 6.25	12세
베테랑	재벌, 형사, 강력반, 범죄, 대기업, 부조리, 실화 바탕	15세
아바타	3D, 외계인, 침략, 행성	12세
도둑들	도둑, 사기, 다이아몬드, 홍콩, 범죄조직, 보스, 사랑	15세
7번방의 선물	가족, 아버지, 딸, 감옥, 정, 교도소, 동료	15세
암살	독립군, 시대, 상하이, 저격수, 실화 바탕	15세
광해, 왕이 된 남자	뒤바뀜, 시대, 임금, 폭군, 광해	15세
신과 함께: 인과 연	웹툰 원작, 저승, 저승사자, 검사, 사후세계, 철거촌	12세
택시운전사	실화 바탕, 5.18, 시대, 택시기사, 광주, 기자, 국가폭력	15세
부산행	좀비, 재난영화, 바이러스, 기차, 이기심	15세
변호인	정의, 변호사, 노무현, 시대. 실화 바탕, 법정	15세
해운대	재난, 부산, 쓰나미, 가족, 모험	12세
어벤져스: 인피니티 워	어벤져스, 마블, 시리즈, 슈퍼히어로	12세
태극기 휘날리며	전쟁, 시대, 가족, 형제, 6.25	15세
실미도	전쟁, 시대, 북파, 훈련, 실화 바탕, 남북문제	15세
괴물	가족, 괴물, 복수, 한강, 돌연변이	12세
왕의 남자	광대, 시대, 비극, 사랑, 질투, 동성애, 연극 원작	15세
어벤져스: 에이지 오브 울트론	어벤져스, 마블, 시리즈, 슈퍼히어로, 한국 촬영,	12세
인터스텔라	우주, 블랙홀, 웜홀, 상대성이론	12세
겨울왕국	애니메이션, 모험, 뮤지컬, 가족, 자매, 디즈니	전체

에는 키워드로 그 교집합을 찾아보고자 한다. 외국영화는 특수하기도 하고 추출 대상 편수가 적은 관계로 제외시키고 한국영화 키워드만 분석해보았다.

'시대'가 가장 많았다. 시대>실화 바탕>가족>전쟁 순으로 나타났다. 이렇게 추출된 데이터를 기준으로 결과를 돌출해 내면, '과거 어느 시대를 기준으로 실제 있었던 사건을 바탕으로 해서 가족 이야기를 그리면 된다'는 이야기다. 이래도 뭔가 잘 안 맞는 것 같다. 그래서 장르와 키워드를 합쳐서 분석해 보니, '과거(시대) 실제 있었던 사건(실화 바탕)을 기준으로 한 드라마 장르'가 가장 관객들이 선호하는 것으로 나타났다.

천만영화의 흥행 특징

천만영화는 첫 주말부터 반응이 뚜렷하게 나타나고 있다. 또한 현재로 올수록 첫 주말 비중이 점점 커지고 있음도 알 수 있다. 최근 경향 파악을 위해 2013년 이후로 살펴보면, 천만영화의 첫 주말관객수 전체 평균은 약 198만인데 비해 2013년 이후 평균은 236만이다. 비중이 높아지고 있다.

한국영화만 살펴보면, 〈신과 함께: 인과 연〉 > 〈명량〉 > 〈부산행〉 > 〈택시운전사〉 > 〈신과 함께: 죄와 벌〉 순으로 〈신과 함께: 인과 연〉에서 〈택시운전사〉까지 모두 첫 주말 비중이 큰 여름시즌에 개봉된 영화이다. 여름시즌에 천만영화가 나올 확률이 높은 이유도 있지만, 최근 경향을 보면 첫 주말의 흥행이 천만영화에 있어 가장 중요한 필수조건이 되고 있다는 것이다.

천만 도달을 기간 순으로 살펴보면 여름시즌이 겨울시즌보다 일찍 천만에 도달하고 있음을 알 수 있다. 평균으로 보면 26일이 걸리고 중간값으로 보면 25일이 걸렸다. 〈명량〉은 천만을 돌파한 12일 동안 일일 평균 약 90만이 들었고 〈인터스텔

천만영화의 첫 주말 관객수

순위	영화명	관객수
1	신과 함께: 인과 연	385만
2	명량	336만
3	부산행	321만
4	택시운전사	293만
5	어벤져스: 인피니티 워	319만
6	어벤져스: 에이지 오브 울트론	282만
7	신과 함께: 죄와 벌	273만
8	암살	244만
9	도둑들	201만
10	베테랑	192만
11	괴물	173만
12	인터스텔라	166만
13	해운대	154만
14	아바타	139만
15	변호인	138만
16	7번방의 선물	135만
17	태극기 휘날리며	120만(비공식)
18	국제시장	114만
19	광해, 왕이 된 남자	110만
20	겨울왕국	104만
21	실미도	88만(비공식)
22	왕의 남자	77만

2013년 이후 천만영화의 첫 주말 관객수

순위	영화명	관객수
1	신과 함께: 인과 연	385만
2	명량	336만
3	부산행	321만
4	택시운전사	293만
5	어벤져스: 인피니티 워	319만
6	어벤져스: 에이지 오브 울트론	282만
7	신과 함께: 죄와 벌	273만
8	암살	244만
9	베테랑	192만
10	인터스텔라	166만
11	변호인	138만
12	7번방의 선물	135만
13	국제시장	114만
14	겨울왕국	104만

라)는 일일 평균 20만이 들었다.

시장(스크린 수, 상영회수) 독식이 가장 컸던 〈어벤져스〉 시리즈의 경우 초반 시장 독점 비율이 상대적으로 높다 보니 일찍 기세가 꺾여 어린이날 연휴를 지나면 바로 급락하는 모습을 보이고 있다. 그뿐만 아니라 소구대상이 넓지 않은 것과 사오십 대 관객을 끌어들이지 못하는 부분 또한 후반 흥행에 영향을 주어 관객 급락 현상이 다른 영화에 비해 뚜렷이 나타나고 있다.

천만영화의 흥행세는 평균 4주간 이어지고 있다.

최단기간 천만 도달일

순위	영화명	천만 도달일
1	명량	12일
2	신과 함께: 인과 연	14일
3	신과 함께: 죄와 벌	16일
4	택시운전사, 부산행, 어벤져스: 인피니티 워	19일
5	도둑들	22일
6	베테랑, 암살, 어벤져스: 에이지 오브 울트론	25일
7	국제시장	28일
8	괴물, 7번방의 선물	32일
9	변호인	33일
10	해운대	34일
11	광해: 왕이 된 남자, 아바타	38일
12	태극기 휘날리며	39일
13	겨울왕국	46일
14	인터스텔라	50일
15	실미도	58일
16	왕의 남자	66일

2013년 이후 최단기간 천만 도달일

순위	영화명	천만 도달일
1	명량	12일
2	신과 함께: 인과 연	14일
3	신과 함께: 죄와 벌	16일
4	택시운전사, 부산행, 어벤져스: 인피니티 워	19일
5	베테랑, 암살, 어벤져스: 에이지 오브 울트론	25일
6	국제시장	28일
7	7번방의 선물	32일
8	변호인	33일
9	겨울왕국	46일
10	인터스텔라	50일

3. 천만영화의 흥행 공식

이상에서 살펴본 공통점을 바탕으로 흥행판의 관점에서 천만영화에 대한 흥행 공식을 만들어 보면 다음과 같다.

1. 시즌에 개봉하라.

관객이 많은 여름시즌과 겨울시즌 그리고 설 시즌 순으로 천만 가능성이 높다. 시즌을 벗어나 천만 흥행을 기대한다는 것은 참으로 어려운 일이다. 이제는 매년 천만영화가 나오는 만큼 시즌을 노려야 흥행 가능성이 높아진다. 4월은 마블이 오래 전부터 공들여 만든 시즌이라 넘볼 곳이 못 된다.

2. 최대한 요란스럽게 개봉해 첫 주말에 200만을 넘겨라.

천만 흥행을 하려면 개봉 첫 주말부터 시동이 제대로 걸려야 한다. 개봉 첫 주말 관객 동원에 실패했다면 천만 흥행은 기대하기 어렵다. 최대한 요란스럽고 크게 개봉시켜 첫 주말에 가능한 최대치의 관객을 만들어내야 한다. 와이드 릴리즈는 당연히 기본이다. 그 결과 첫 주말관객수가 300만을 넘었다면 천만 흥행은 이루어진다고 봐야 할 것이다. 지금까지 3편의 한국영화만이 300만을 넘겼다. 〈신과 함께: 인과 연〉, 〈명량〉, 〈부산행〉. 최소 첫 주말 200만을 넘겨야 천만 흥행을 기대할 수 있다. 이 경우 2주차 흥행이 뒤를 받쳐주어야 하는데, 2주말관객수가 150만을 넘기고, 이어 3주말관객수도 100만을 넘겨야 천만이 가능해진다. 이 모든 것을 개봉 후 25일 안에 이룬다는 목표로 가야 한다. 혹시라도 장기 상영으로 가야 한다면 겨울시즌이나 설 시즌을 노릴 수밖에 없다. 여름시즌은 경쟁작들이 많아 호흡을 길게 가기 힘들다.

3. 확실한 드라마로 승부하라.

과거 어느 시대의 실제 있었던 사건을 바탕으로 해서 드라마 장르로 승부를 건다면 확률은 높아진다. 실제 있었던 사건은 관객의 호기심을 유발할 수 있는 가능성이 높을 뿐 아니라 인구 5명 중 1명이 봐야 하는 'must-see' 영화가 될 확률이 높아진다. 금방 치고 빠져야 하는 전장에서는 가능하면 넓은 연령대의 관객에게 어필하는 영화가 유리할 수 있는데, 앞으로 가족

영화로 판타지 장르를 노려보는 것도 좋을 것 같다.

액션은 여름을, 드라마는 겨울을, 코미디는 설 시즌을, 사극은 추석 시즌을 노리는 것이 유리하다. 최근 흥행성을 확인한 판타지 장르(〈신과 함께〉)는 여름보다는 겨울시즌이 유리했다. 다만 필요충분조건으로 여름시즌은 초호화 캐스팅을 해야 단기 승부가 가능하며, 15세 관람가로 제작비가 높은 영화여야 한다. 겨울시즌은 12세도 가능성이 있다. 여름이든 겨울이든 청소년관람불가영화는 천만흥행이 불가능하다.

4. 사십대와 오십대 관객을 움직여라.

천만을 모으는 데는 이삼십대만 가지고는 턱없이 부족하다. 사십대와 오십대까지 극장에 끌고 와줘야 비로서 가능하다. 매표소에서 내 영화를 선택하는 중장년층이 늘어난다면 흥행 가능성이 높아지고 있다고 봐도 된다. 그러니 자주 극장에 가서 관객들의 추이를 들여다봐야 하는 것이다. 사오십 대는 사극을 선호하는 편이다.

4. 천만영화의 빛과 그림자

천만영화가 시장을 붐업시키고 활성화하는 데 있어 선순환 역할을 하고 있다는 것은 분명하다.

2011년 전체관객수는 1억 5,972만이었다. 이 수치는 당시 최고 기록이었다. 이 해에는 천만영화가 없었다. 2012년 전체

관객수 기록이 또 경신되어 1억 9,489만으로 대폭 늘어난다. 이 해에는 〈도둑들〉과 〈광해, 왕이 된 남자〉가 천만을 기록한다. 확실히 관객이 늘었음을 알 수 있다. 2012년 이후 매년 천만영화가 나왔고 전체관객은 2013년을 기점으로 매년 2억을 넘기고 있다.

하지만 이렇게 선순환 역할만 있는 것은 아니다. 시장 독과점의 폐해와 관객 쏠림 현상이 커진다는 악순환도 있다. 2018년 〈신과 함께: 인과 연〉 개봉 시 주말 상영회수 점유율 58%, 시장점유율 70%를 차지하였다. 〈어벤져스: 인피니티 워〉 개봉 시에는 더 심해 주말 상영회수 점유율 77%, 시장점유율 95%를 차지한다. 특히 〈어벤져스: 인피니티 워〉는 3주 동안 시장 점유율이 50%를 상회하였다.(이 글을 쓰는 동안 개봉된 〈어벤져스: 엔드게임〉은 주말 상영회수 점유율 79%, 시장점유율 92%였다.)

1년 전체관객수는 현재까지 2017년 2억 1,988만을 기록한 것이 최고다(2018년 기준). 최근 5년간(2014~2018)의 관객수 평균은 2억 1,713만이다. 시장 상황을 파악해 보건대 2017년에 Top을 찍은 후 상승기류가 멈추면서 정체 현상이 나타나고 있는 것으로 보인다. 시장이 정리되고 있는 모습이다. 이제는 더 늘어날 수 있을 것 같지 않다. 극장들도 투자를 멈추고 있는 중이다. 천만 영화가 더 많이 나온다고 해서 시장이 더 커지거나 하지도 않고 있다. 이제는 천만 영화가 나오면 나올수록 그 외 영화들이 가지고 갈 파이가 작아지는 시장이 되고 있다. 천만

영화가 썩 반갑지만은 않은 이유이다. 시장 규모는 정해졌고 그 시장에서 파이를 많이 차지하는 영화가 나오면 다른 영화는 당연히 자신의 파이가 작아진다는 계산을 다들 하고 있기 때문이다. 결국 이러한 시장구조로 인해 소수의 승리자와 다수의 패배자가 양산될 수밖에 없는 것이다.

지금도 흥행판은 큰 기업 몇 개가 시장을 과점하는 모습을 하고 있다. 이들이 전부 천만 흥행에만 집중한다면, 악화가 양화를 구축하듯 언젠가는 모두 다 같이 전복될 수밖에 없는 운명을 맞이할 수도 있다. 이제는 대책을 마련해야 할 때다. 현재와 같이 스크린 독점이나 시장 독점과 관련하여 그 어떤 통제도 이루어지지 않는다면 품질 좋은 상품은 오히려 시장에서 퇴출되고 품질이 낮은 상품들만 남아 시장을 활보할 것이다. 그렇게 되면 관객들은 미련 없이 흥행판을 떠난다. 이 문제를 해결하는 것이 지금 시장을 지배하고 있는 4대 배급사들에게 주어진 가장 큰 숙제가 아닌가 한다.

7. 정정당당하게 배급하기

1. 흥행의 최전선에 '배급'이 있다

영화가 관객을 만나려면 배급이라는 단계가 필요하다. '배급'이라 함은 상영을 위해 만든 영화를 극장 등을 통해 관객에게 제공하는 것을 말한다. 크게 보면 영화 마케팅이고 좁혀서 말하면 유통을 의미한다. 영화에서 이 '유통'을 '배급'이라고 부르는 이유는 앞에서 설명한 바 있다.

영화에서 배급은 주체가 나누어준다는 배분의 의미를 담고 있다 보니 선택적 유통으로 진행된다. 따라서 모든 극장에서 영화가 상영되는 것은 아니다. 반대로 극장에 영화를 준다고 해서 다 상영해 주는 것도 아니다. 어떤 영화는 배급에 의해 상영이 좌지우지될 때가 있고 반대로 극장의 손에 그 결정권이 넘어갈 때도 있다. 따라서 배급에는 전략과 전술이 필요하다.

현장에서는 배급을 전략과 전술로 잘 무장된 장수가 전쟁을 치르는 것에 비유하기도 한다. 장수가 전쟁에서 이기기 위해 싸우듯이 영화 흥행의 최전방에는 반드시 배급이 있어야 하며 배급은 영화의 흥행을 위해 싸우는 것이다. 물론 이런 과정을 거쳐 영화가 극장에 걸렸다고 해서 다 흥행되는 것도 아니다.

배급을 영화의 꽃이라고도 한다. 열매를 맺고 꽃을 피우는 단계에 배급이 있다 하여 붙여진 표현이다. 영화 현장에서 구슬땀 흘리며 열심히 만든 영화가 관객을 만나는 곳에 배급이 있고, 그 배급으로 인해 흥행을 기대하게 되기 때문이다.

영화는 생물(生物)이다. 흥행의 관점에서 보면 영화는 개봉으로 탄생되고 종영으로 운명을 맞게 된다. 흥행판에서 영화의 탄생과 죽음을 관장하는 것이 바로 배급이다. 국내처럼 극장 의존도가 높은 곳에서는 그 임무가 더욱 막중하다 하겠다.

"영화라는 것은 찍는 것만으로는 단순한 영상에 불과하다. 제대로 개봉돼야 비로소 영화가 된다."—이치세 다카시게(<링>, <주온> 등의 프로듀서)

산업적 측면에서도 배급은 중요하다. 배급은 영화를 통해 시장에서 돈을 버는 것이다. 이렇게 번 돈은 다시 영화에 재투자되게 된다. 산업의 순환구조에서 보아도 배급이란 것이 매우 중요한 역할을 담당하고 있는 것이다. 영화는 상업적 예술이자 투자 비중이 높은 엔터테인먼트 산업이기도 하다. 투자는 산업의 수익률에 의해 좌우될 수밖에 없다. 현재 국내 영화산업은 투자자들에게 불리한 상황이다. 극장 매출이 전체 매출에서 76%를 차지하고 있고, 거기에 한국영화 수익률[33]이 2019년 현재 마이너스를 기록하고 있으며,[34] 제작 편수는 유지되고 있으나 그중 손익분기점을 넘긴 영화는 약 40% 수준에 머물러 있다. 극장 매출 의존도가 과도하게 높다 보니 수익을 창출할 수 있는 플랫폼의 제한성으로 인해 한 시장에서 망하면 다른 플랫폼에서 회복할 가능성도 낮다. 또한 급변하는 산업 환경에 발빠르게 대응할 수도 없는 매우 불리한 구조를 하고 있다. 산업 전체 수익률은 마이너스인데다 거기서 본전을 찾을 수 있는 확률은 겨우 40%밖에 안 되는 시장에 투자를 유치한다는 것은 정말 어려운 일이 아닐 수 없다.

이런 시장일수록 배급의 중요성은 더욱 커질 수밖에 없다. 매출에 있어 극장 집중도도 그렇고 영화별 손익분기점을 고려한 배급 전략이며 전체적으로 시장을 확대시키는 것도 지금으로서는 모두 배급이 감당해야 할 과제이다.

2. 배급의 세 고객

배급의 첫 번째 고객은 '영화제작사(프로덕션)'이다. 당연한

---

33) 직배사의 수익률과 외국영화 중 개인 수입에 의한 수익률은 파악하기 어려워 제외하였다.
34) 2018년 전체 영화(순제작비 30억 이상의 상업영화 대상) 수익률 -17.3%.

말이지만 좋은 배급사란 흥행성이 좋은 영화를 많이 가지고 있는 배급사이고, 그 좋은 영화는 바로 제작사들이 만들어 낸다. 그래서 제작사가 배급에 있어 첫 번째 고객으로 대접을 받아야 하는 것이다. 배급사 입장에서 제작사는 많으면 많을수록 좋다. 제작사가 많으면 그만큼 좋은 영화를 안정되게 받을 확률이 높기 때문이다.

배급사는 제작사에게 영화 제작비를 지원한다. 제작사는 그 돈으로 영화를 만들고, 배급사는 그 영화를 배급하여 수익을 창출하며, 그렇게 번 돈은 다시 영화 제작을 위해 여러 제작사들에게 지원된다. 이런 순환구조로 이루어진 배급사와 제작사의 관계는 공동운명체적 성격이 강하다. 영화가 망하면 같이 피해를 입고 영화가 흥하면 같이 이익을 나누기 때문이다.

장사를 잘하려면 손님(고객)을 잘 모셔야 하는 법이다. 배급사 입장에서 고객인 제작사를 잘 모시는 유일한 방법은 제작하기 좋은 환경을 만들어 주는 것이다. 그러면 새로운 선순환구조가 하나 더 탄생하게 된다. 제작하기 좋은 환경이 만들어지면 좋은 인재들이 제작사로 모이고 그렇게 모인 인재들이 좋은 영화를 만들어 내고 좋은 영화를 만들면 배급사가 돈을 벌고 그 돈이 다시 다른 제작사를 지원하게 된다. 그렇게 해서 좋은 제작사를 많이 둔 좋은 배급사가 탄생하게 되는 것이다.

지금의 흥행판은 좋은 제작사가 영화를 잘 만들어서 배급사가 돈을 벌면 그 돈이 다시 제작 판으로 들어오지 않고 있는 것이 문제다. 돈이 돌지 않다 보니 마치 동맥경화라도 걸린 것 같이 제작 환경은 더 나빠지고 이렇게 환자들로 넘쳐나다 보니 수익률은 더 떨어질 수밖에 없는 것이다. 이런 환경이 된 데에는 배급의 책임이 가장 크다. 배급 환경에 앞서 뭐니 뭐니 해도 제작 환경이 좋아져야 시장은 더 활성화된다는 이치를 잊어서는 안 되는 것이다.

배급사의 고객은 비단 제작사만은 아니다. 수입사들도 포함된다. 수입사들은 좋은 외국 영화들을 수입해서 배급사에게 맡기고 있다.[35] 이것을 배급 대행에 의한 배급이라고 한다. 배급사 입장에서는 수입사도 수익을 가져다주니 당연히 중요한 고객이 된다. 배급 대행은 외국영화만 있는 것은 아니다. 한국영화에도 배급대행만 하는 경우가 있다. 이 경우는 제작사에서 제작비를 충당하는 경우이다.

배급의 두 번째 고객은 '극장'이다. 배급사는 첫 번째 고객(제작사와 수입사)의 영화를 가지고 두 번째 고객인 극장을 만나게 된다. 거의 대부분의 매출이 극장에서 나오는 만큼 잘 모셔야 하는 매우 소중한 고객이다. 이 고객을 대할 때 유의할 점은 때론 친구가 되기도 하고 때론 적이 될 수도 있는데 중요한 것은 절대 내색하지 말아야 하고 이 관계를 부러뜨려서도 안 된다는 것이다. 적당한 거리를 유지하되 융통성 있게 관계를 변화시키며 가는 전략이 필요하다.

배급이 극장이라는 고객을 상대하기 위해 사용하는 것이 바

---

35) 물론 수입과 배급을 같이 하는 회사도 있다.

로 '라인업'이다. 극장은 사람 됨됨이로 배급사를 판단하지 않는다. 오직 라인업만을 가지고 배급사를 판단한다. 자신이 군침을 흘릴만한 라인업이라면 배급사를 친구로 대하지만, 그렇지 않으면 천덕꾸러기로 취급받는다. 라인업이 약하면 매번 극장에 선처를 부탁해야 하고 가끔은 억지도 부려야 하니 그들 입장에서는 귀찮은 존재일 수밖에 없다.

이들 고객이라고 해봤자 CGV, 롯데, 메가박스가 전부다. 이 고객은 현재 전국을 자기 극장으로 체인화시켜 놓아 가히 무소불위의 권력을 휘두르고 있다. 힘이 세도 너무 세졌다. 예전에는 한 극장과 계약이 성사되지 않으면 바로 옆 극장으로 가면 됐지만 지금은 본사에서 전국 극장을 관리하다 보니 배급사가 조금이라도 맘에 안 들면 전국을 다 막아 버릴 수 있을 정도다.

극장은 중요한 고객이지만 아군은 될 수 없는 관계이다. 게다가 이들은 적과의 동침도 하고 있는 터이니(CGV-CJ ENM, 롯데-롯데컬처웍스, 메가박스-메가박스중앙(주)플러스엠) 아니꼬운 일이 있더라도 잘 관리하는 수밖에 없다.

이런 무소불위의 권력을 지닌 극장도 두려워하는 것이 있으니 그것은 배급사들끼리의 연합이다. 배급사들이 뭉치면 정말 무서운데 그것을 지금의 배급사들은 잘 모르고 있는 것 같다.

세 번째 고객은 역시 '관객'이다. 이 세 고객 중에서 배급사가 가장 정성을 들여야 하는 고객은 관객이다. 이들을 직접 상대하는 것은 극장이지만 흥행에 대한 책임은 전적으로 배급사가 진다. 극장은 배급사의 영화를 위탁받아 상영하는 곳일 뿐 흥행을 책임지는 곳은 아니다.

관객을 위해 가장 필요한 것은 그들이 원하는 영화를 제때 공급해 주는 것이다. 공급은 배급 책임이다. 관객은 매번 같지 않다. 이번 주 관객과 다음 주 관객이 다를 수 있다. 매번 관객이 같다면 이미 흥행된 영화를 기준으로 비슷한 영화만 줄기차게 내놓으면 된다. 하지만 관객이 다르기에 그때그때 필요한 영화를 시장에 내놓아야 관객을 유지할 수 있다. 늘 같은 영화만 상영된다면 관객은 이 시장을 미련 없이 떠날 것이다.

관객은 자기가 보고픈 영화가 다양하게 상영되길 바란다. 우리나라 극장은 전부 멀티플렉스이다. 멀티플렉스라 함은 한 극장에 스크린이 여러 개가 있다는 것이고, 그렇다면 관객이 기대하는 것은 다양성이지 한두 개의 영화만 상영되기를 바라지는 않을 것이다. 그래서 고객 관리 차원에서 극장에 여러 영화가 상영되게끔 하는 것은 배급이 해야 하는 일이다. 극장과 이 부분에서 의견이 갈리겠지만 분명한 것은 고객을 상대하는 것은 극장이지만 관객을 고객으로서 책임져야 하는 것은 배급이라는 것이다.

3. 배급 전략에 대하여

1) 1위를 할 수 있는 곳에서 개봉하라

개봉일을 정함에 있어 가장 먼저 검토해야 하는 것은 과연 내 영화가 1위를 할 수 있느냐이다. 개봉 시 1위를 하는 것이 지금 시장에서 매우 중요해졌다. 관객이 점점 더 1위로 집중하기 때문이다. 1위 평균 점유율이 약 46%(2018년 기준)까지 올랐다. 이제는 2위도 불안하다. 2위 전략은 곧 사라질지 모른다.

1위 점유율이 높아지고 있는 만큼 1위가 가능하다면 이제는 비수기라도 과감히 노려야 한다. 2018년 3월말 비수기에 〈곤지암〉이 개봉되어 1위를 차지하였다. 최종관객수 268만을 한다. 1위를 할 곳에서 개봉을 하는 것이 배급에 있어서 중요해졌다.

싸우지 않고 이기는 것이 최고의 전략이다. 경쟁영화 없이 2주간 1위를 하게 되면 흥행영화가 된다. 흥행판에서 경쟁은 기본이다. 하지만 되도록이면 경쟁을 하지 않고 흥행되는 것이 최고라 할 수 있다. 특히 개봉 주에 경쟁영화 없이 온전히 관객들에게 대접받는다면 이만한 것이 없다. 그런 날짜를 택해 2주간 1위를 한다면 흥행영화가 될 가능성이 아주 높다.

2018년 5월 마지막 주(21주차)에 〈독전〉이 개봉된다. 〈한솔로: 스타워즈 스토리〉가 개봉되었지만 서로 소구대상이 달랐다. 그리고 〈한 솔로: 스타워즈 스토리〉가 의외로 약했다. 가볍게 첫 주 1위를 차지한다. 2주차에는 아무런 경쟁영화가 없었다. 아무하고도 싸우지 않고 2주간 관객들에게 후한 대접을 받는다. 최종관객수 506만을 한다.

6월 셋째 주(24주차)에 〈탐정: 리턴즈〉가 개봉된다. 개봉 주에 〈오션스 8〉과 경쟁하지만 다행스럽게도 이 영화는 많이 약했다. 첫 주 1위를 차지한다. 2주차에는 〈여중생 A〉가 개봉되지만 경쟁영화는 아니었다. 2주간 1위를 차지한다. 최종관객수 315만을 한다.

여름시즌 끄트머리인 8월 34주차에 〈너의 결혼식〉이 개봉된다. 이미 여름 대작들도 끝물이라 영향권에서 벗어난 상태다. 홀로 개봉된 터라 무혈입성하듯 1위를 차지한다. 문제는 2주차다. 2주차에 〈상류사회〉가 개봉 대기 중이다. 〈상류사회〉는 청소년관람불가인데다 가을 영화지 여름 영화가 아니었다. 2주간 1위를 차지한다. 최종관객수 282만을 한다.

11월 첫째 주 44주차에 〈완벽한 타인〉이 개봉된다. 〈보헤미안 랩소디〉와 경쟁하지만 다행스럽게도 〈보헤미안 랩소디〉가 아직 불이 붙기 전이다. 첫 주 1위를 차지한다. 2주차에 〈동네 사람들〉과 경쟁하지만 밀리지 않고 2주간 1위를 차지한다. 최종관객수 524만을 한다.

11월 마지막 주 48주차에 〈국가부도의 날〉이 홀로 개봉된다. 개봉 주 시장에서 대접을 받으며 편하게 1위로 입성한다. 문제는 2주차다. 〈도어락〉과 경쟁해야 한다. 역시 초반 흥행이 주효했다. 흥행은 한번 시작되면 웬만해서는 밀리지 않는다. 2주간 1위를 차지하면서 최종관객수 376만을 한다.

큰 경쟁 없이 1위를 차지한다는 것은 잠재 관객이 아무런 방해도 받지 않고 자신의 영화를 볼 확률이 높아진다는 것이다. 하지만 대다수는 그런 행운을 누리지 못한다. 경쟁을 피할 수 없는 경우가 대부분이라 경쟁에서 이기고 나서야 시장을 독식하는 통과 의례가 존재한다.

크게 치고 빨리 빠져라! 최근 시장을 한마디로 이야기하면, 이제는 속도전이라고 할 수 있다. 이런 시장에서는 크게 치고 빨리 빠지는 전략이 유효하다. 여기서도 신중해야 하는 것은 1위를 할 수 있는 곳이어야 한다는 것이다. 크게 친다고 쳤는데 2위, 3위로 시작한다면 크게 칠 이유가 없다.

북미에서도 이 전략은 현재 확실히 통용되는 전략으로 보인다. 블룸하우스[36]라는 미국 공포영화 전문 제작사는 저예산 공포영화를 메이저 배급사에 맡겨 와이드 릴리즈로 개봉하여 크게 치고 빨리 빠지는 전략을 사용하고 있다. 그 대표적인 영화가 〈겟 아웃〉, 〈23아이덴티티〉, 〈해피데스데이〉 등이다. 그렇다고 해서 공포영화로만 한정된 것은 분명 아니다. 지금은 거의 대부분의 영화가 이러한 전략을 사용하고 있다. 빨리 빠지는 부분만 다르다. 그것에 대한 키는 배급이 아닌 극장이 쥐고 있다 보니 배급으로서는 일단 크게 치고 가는 것에만 집중하고 있는 꼴이라 하겠다.

공포영화는 경쟁영화보다 먼저 개봉하라! 2011년 6월 9일 개봉한 〈화이트: 저주의 멜로디〉의 최종관객은 79만, 7월 7일 개봉한 〈고양이: 죽음을 보는 두 개의 눈〉의 최종관객은 67만이었다. 먼저 개봉한 〈화이트: 저주의 멜로디〉가 앞섰다. 첫 주말관객수만 보면 〈고양이: 죽음을 보는 두 개의 눈〉이 〈화이

---

36) 블룸하우스: '저예산 호러의 명가'로 〈파라노말 액티비티〉를 시작으로 다양한 호러 영화를 제작하였다. 최근 〈어스〉, 〈겟아웃〉, 〈할로윈〉, 〈23아이덴티티〉, 〈해피데스데이〉 등을 흥행시켰다.

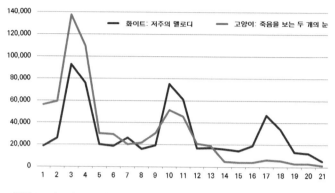

〈화이트: 저주의 멜로디〉와 〈고양이: 죽음을 보는 두 개의 눈〉의 흥행 그래프

트: 저주의 멜로디〉보다 월등하였으나 최종관객수는 〈화이트:
저주의 멜로디〉가 더 많다. 먼저 개봉된 〈화이트: 저주의 멜로
디〉는 제대로 된 산봉우리를 만들었지만 〈고양이: 죽음을 보는
두 개의 눈〉은 상대적으로 그렇지 못했기 때문이다.

　공포영화는 관객층도 얇지만 마니아층도 얇다. 당연히 '위험
을 감수하는 소중한 관객' 자체가 적다. 하지만 이들은 다른 영
화 관객보다 매우 적극적이다. 그들은 남보다 먼저 영화를 보
고 즐겼으면 그것으로 만족해한다.

　앞서 개봉된 〈화이트: 저주의 멜로디〉가 안정된 곡선을 그
렸다는 것은 이 '위험을 감수한 소중한 관객'과 '모방 관객'까지
제대로 움직여 주었기 때문이다. 이미 이렇게 영화를 본 관객
들이 같은 장르의 공포영화를 이어서 본다는 것은 마니아층에
서만 가능한 것이다. 마니아층은 '위험을 감수하는 소중한 관
객'쪽이지 '모방 관객'이나 '다수결을 신뢰하는 관객' 쪽은 아니

다. 그 결과 〈고양이: 죽음을 보는 두 개의 눈〉 개봉 시 첫 주에만 마니아 관객이 몰렸고 이후 관객은 관람을 포기하였다. 공포영화를 기다리고 있던 관객들은 같은 수준의 공포영화라면 처음 개봉되는 영화로 더 많이 움직일 확률이 매우 높다. 1년을 기다렸기 때문이다.

2012년
5월 30일 〈미확인동영상: 절대 클릭금지〉 87만
7월 12일 〈두개의 달〉 43만
7월 25일 〈무서운 이야기〉 33만

먼저 개봉한 〈미확인동영상〉이 역시 잘 들었다.

2013년
6월 5일 〈무서운 이야기 2〉 50만
6월 27일 〈더 웹툰: 예고살인〉 120만

이때는 늦게 개봉된 〈더 웹툰: 예고살인〉이 더 잘 들었다. 이유가 무엇일까? 〈무서운 이야기〉 1편이 2012년 개봉 시 최종 관객수 33만이 든다. 결국 2편의 잠재적 관객도 이 수준에 머물러 있다는 것이다. 그런데 이 잠재적 관객보다 더 들어 50만이 된다. 이유는 개봉이 빨랐기 때문이다.

2016년
4월 7일 〈날, 보러와요〉 106만
6월 1일 〈무서운 이야기3〉 10만

시리즈로 제작된 〈여고괴담〉

먼저 개봉한 〈날, 보러와요〉가 더 들었다.

공포영화는 흥행만 되면 다른 장르영화는 갖지 못한 큰 장점이 있다. 먼저 제작비가 적게 들어 수익률이 훨씬 높다는 것. 그리고 흥행이 되면 시리즈로 가는 데 타 장르영화보다 유리하다는 것이다. 대표적인 영화가 1998년 5월 30일 개봉된 〈여고괴담〉이다. 당시 이 영화는 서울에서만 70만 이상(비공식)이 들었다. 서울 70만이라는 숫자는 지금으로 환산하면 전국 600만 수준이다. 이후 여고괴담 시리즈는 5편까지 이어진다. 이를 능가하는 공포영화는 현재까지는 없다.

우리 흥행판에서는 여름 이후 공포영화 시장은 없다고 봐야 한다. 미국 시장과 우리 시장이 확연히 다른 것 중 하나이다. 미국은 할로윈 시즌이라고 해서 10월말부터 11월까지도 공포영화 시장이 존재하지만 우리 시장은 가을로 넘어가면 바로 공포영화 시장은 사라진다.

〈여고괴담 두 번째 이야기〉가 겨울시즌인 1999년 12월 24일 개봉되었다. 〈여고괴담〉 1편이 서울에서 70만이 든 것에 비해 〈여고괴담 2〉는 고작 15만밖에 안 들었다.

2) 상대가 강하면 피하는 게 상책

가서는 안 되는 길이 있고 싸워서는 안 되는 적이 있듯이 상대가 강하다고 느끼면 먼저 피하는 것이 흥행판에서는 꼭 필요한 전략 중 하나다. 최근에는 마케팅이 더욱 요란스럽고 커지다 보니 센 상대는 그만큼 마케팅에도 많은 돈을 쓴다. 이런 영화와 상대하다가는 돈은 돈 대로 쓰고 아무런 효과도 보지 못할 가능성이 높다. 어찌어찌 개봉을 하더라도 관객들의 선택을 받기도 쉽지 않다. 융단폭격을 퍼부은 상대 영화가 시장 점유율 50% 이상 차지해 버리면 2등과 3등 영화는 몫이 그만큼 작아진다. 2018년 5월 〈데드풀2〉는 첫 주말 점유율이 약 62%, 6월 〈쥬라기 월드: 폴른 킹덤〉은 약 72%, 7월 〈앤트맨과 와스프〉는 약 68%, 7월 〈미션 임파서블: 폴아웃〉은 약 64%를 차지하였다.

1위가 60%를 차지할 경우, 2위 영화는 15% 대에 머물고, 3위 영화는 겨우 6~7%를 차지할 뿐이다. 지금의 이 기류를 절대로 무시해서는 안 된다. 다시 말하면, 주말전체관객수가 234만일 경우(2018년 주말관객 평균) 1위 영화는 주말관객 141만에 최종관객 약 400만 이상이 될 가능성이 높고, 2위로 시작하면 주말관객이 35만 정도로 최종관객 100만을 넘지 못하며, 3위로 시작하면 주말관객 14만에 최종관객 최대 40만 정도가 된다는 것이다.

상대가 강하면 강한 만큼 시장 점유율이 평균 이상 나온다는 이야기이고, 그만큼 내 영화는 상대보다 못할 것이라는 것이

순위	평균점유율
1위	43.1%
2위	22.1%
3위	12.2%
4위	7.2%
5위	4.2

주말 1~5위 평균점유율(2018년 기준)

다. 이런 승부는 피하는 게 상책이다. 현재로서는 여기에 대응할 만한 이렇다 할 방안은 없다.[37] 센 영화에게 시장을 독식하게끔 내버려두는 수밖에 별다른 방법이 없다.

북미에서는 이런 경우 흥행대작 주변에 여러 편의 작은 영화를 포진시켜 틈새를 노리는 전략을 사용한다. 흥행대작이 개봉될 때는 다른 대작들이 같이 개봉되는 경우가 적어 오히려 스크린에 여유가 생긴다. 우리처럼 대작들이 스크린 전부를 차지하지 않다 보니 이런 전략이 가능하다. 거기에 흥행대작들이 장기 상영으로 이어지다 보니 일찌감치 이 영화를 본 관객들이 이후 극장에서는 작은 영화로 움직이는 현상이 나타난다. 하지만 우리나라에서는 이 전략을 사용하고 싶어도 대작들의 스크린 독점이 너무 심해 애초부터 불가능하다.

센 영화와는 최소한 2주 간격을 두어라!

지금의 시장에서는 아무리 센 영화도 2주차 간격이면 충분하다. 2주 후면 일단 하향곡선을 그리기 시작한다. 2018년 7월 4일 〈앤트맨과 와스프〉와 〈변산〉이 동시에 개봉된다. 〈앤트맨과 와스프〉는 그래프에서 보는 것 같이 흥행세가 센 영화였다. 〈앤트맨과 와스프〉로 인해 〈변산〉은 아무런 산봉우리도 만들

---

37) 스크린상한제가 하나의 방안이 될 수 있다. 한 영화가 한 극장에서 차지할 수 있는 상영회수 최대치를 법으로 미리 정하는 것이다.

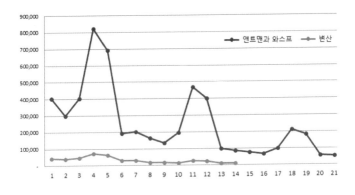

〈앤트맨과 와스프〉와 〈변산〉의 흥행 그래프

지 못하고 만다. 〈앤트맨과 와스프〉는 개봉 후 2주말까지 460만, 최종관객수 545만을 한다. 〈변산〉은 최종관객수가 49만에 그친다. 〈앤트맨과 와스프〉를 좀 더 살펴보면, 최종관객수 545만을 감안해 볼 때 3주말에는 약 80만 정도의 흥행세 밖에는 남지 않은 상태가 된다. 이럴 때 잠재 관객 100만 이상 영화가 개봉되면 당연히 승부가 가능해진다. 2주 후 〈앤트맨과 와스프〉와 같은 배급사지만 〈인크레더블 2〉가 개봉된다. 〈인크레더블 2〉는 첫 주말관객수 112만으로 1위로 시작한다. 2주면 충분하다. 센 영화가 개봉되더라도 이제는 2주만 기다리면 된다. 국내 흥행판은 현재 그런 시장이 되어 있다.

시즌과 시즌 사이에 존재하는 틈새시장을 노려라.

때론 시즌과 시즌 사이에 틈새시장이 존재하는 경우가 있다.

여름시즌과 추석 시즌 사이의 틈새시장은 추석이 9월말이나 10월초에 있는 경우에 형성된다. 2017년 추석은 10월 4일이었다. 여름시즌 끝인 35주차 8월 30일에 〈킬러의 보디가드〉가 개봉되어 첫 주말 1위를 하며 최종관객수 172만을 한다. 틈새를 노린 전략이었다. 2018년 추석은 9월 24일이었다. 역시 여름시즌 끄트머리인 35주차 8월 29일에 〈서치〉가 개봉되어 2주간 1위를 차지하며 최종관객수 295만을 한다.

두 영화 다 틈새를 노린 전략이라 흥행을 이어가더라고 추석을 넘지 못한다는 단점이 있다. 결국 최대 300만을 넘길 수는 없는 지역이다. 추석이 이보다 이르면 여름시즌에서 바로 추석시즌 영화로 넘어가다 보니 틈새가 없다.

겨울시즌과 설 시즌 사이의 틈새시장은 설이 2월 중순이나 말에 있는 경우에 형성된다. 2016년 설은 2월 19일이었다. 겨울시즌이 끝나가는 4주차 1월 21일 〈강남 1970〉이 개봉되어 개봉 첫 주말 1위를 하며 최종관객수 219만을 한다. 2018년 설은 2월 16일이었다. 역시 겨울시즌 끄트머리인 3주차 1월 17일 〈메이즈 러너: 데스 큐어〉가 개봉되어 개봉 첫 주말 1위를 하며 최종관객수 230만을 한다.

두 영화 다 설 시즌 영화가 가로막고 있는 바람에 흥행을 이어가지 못했다. 결국 최대 250만을 넘길 수 없는 지역이기는 하다. 이 틈새시장에서 조심해야 할 것은 디즈니 애니메이션 영화다. 한 해 전 북미 추수감사절 특수에 개봉되었던 애니메이션들이 우리나라에서는 1월에 개봉되고 있다.

북미 수익 2억불이 넘는 애니메이션들이 1월을 노리는 만큼 이 부분은 조심해서 접근해야 한다.[38]

1월에 개봉된 디즈니 애니메이션

영화명	국내 개봉	국내 관객(명)	북미 개봉	북미 수익(불)
주먹왕 랄프 2	2019년 1월 3일 1주차	176만	2018년 11월 21일 47주차	2억 109만
코코	2018년 1월 11일 2주차	351만	2017년 11월 22일 47주차	2억 973만
모아나	2017년 1월 12일 2주차	231만	2016년 11월 23일 48주차	2억 4876만
굿 다이노	2016년 1월 7일 2주차	133만	2015년 11월 25일 48주차	1억 2309만
빅 히어로	2015년 1월 21일 4주차	280만	2014년 11월 7일 45주차	2억 2253만

3) 앞뒤가 막힌 곳은 피해라

개봉일 중에서도 가장 안 좋은 것은 앞뒤가 막힌 배급이다. 앞뒤가 막혔다는 것은 불을 피웠는데 장대비가 쏟아지는 것과 같다. 2018년 4월 〈챔피언〉이 당당하게 〈어벤져스: 인피니티 워〉 1주 후 개봉을 택한다.

앞이 막혔다는 것은 흥행 영화가 앞서 개봉되어 넘어오고 있음을 의미한다. 결국 앞이 막히는 바람에 첫 주말 2위로 시작한다. 2위라고는 하지만 첫 주말관객수 44만에 그친다. 그런데 2주차에 〈레슬러〉가 개봉을 한다. 여기에도 밀려 3위로 내려간다. 〈레슬러〉와는 장르나 내용, 심지어 포스터까지도 비슷한 구석이 너무 많았다. 뒤가 막혀도 꽉 막힌 상태다. 최종관객수를 보면 〈레슬러〉 77만, 〈챔피언〉 113만으로 개봉 당시 〈챔피

---

38) 북미 추수감사절 특수는 47주차 또는 48주차로 애니메이션이 강세이다. 그런데 11월말은 국내 시장이 비수기이다 보니 동시개봉을 하지 않고 다음해 1월에 주로 개봉시키고 있다.

언〉이〈레슬러〉에 이렇게까지 밀릴 영화는 아니었다. 2주차에〈레슬러〉만 없었어도 〈챔피언〉은 더 들었을 것이다.

어쩔 수 없는 상황이라면, 앞보다는 뒤가 열린 것을 택하는 것이 조금 유리하다. 뒤가 막혀 있는 상황이라면 흥행은 완전히 막혀 버릴 가능성이 높고 열려 있다면 뒤를 기약해 보고 들어가는 것도 방법이다.

4) 스크린이 많다고 관객이 많이 드는 것은 아니다

필름으로 영화를 상영하던 시절에는 극장에 보내는 필름, 즉 프린트 자체가 돈이었다. 한 프린트(대략 필름 5~6통) 당 약 250~300만 원 선이니, 스크린을 늘리는 데 있어 신중할 수밖에 없었다. 극장에 필요한 선전 재료까지 지원하다 보면 극장 당 들어가는 비용이 만만치 않다. 그래서 스크린 확대는 매우 신중해야만 했다. 극장 측에서 영화를 달라고 해도 마구 내줄 수 없었던 것이다. 하지만 지금은 DCP[39] 즉 파일로 영화를 상영하는 시대다 보니 비용이 들 것이 없다. 극장에서 하고 싶다면 다 열어주는 시대다.

지금은 거의 모든 영화를 와이드 릴리즈 하다 보니 이것이 유일한 배급 방식이 되어, 스크린 숫자가 마치 흥행을 만들어 주는 것 같은 착각이 들 정도다. 그 결과 스크린 경쟁은 더 심해지고 상호 협조가 배제된 승자독식의 구조로 전환되면서 적

---

39) DCP: Digital Cinema Package. 극장 상영용으로 디지털 마스터링된 상영용 파일을 말한다.

을 다 죽이고 나만 살아남으면 된다는 나 홀로 생존전략만 팽배하게 되었다. 결국 소수의 승리자와 다수의 패배자만 남는 양극화 현상이 더욱 심해졌다.

흥행을 위해 와이드 릴리즈를 하는 것인데, 이 와이드 릴리즈 자체가 흥행판을 황폐화시킨다면 다시 생각해 볼 필요가 있다. 지금의 배급은 흥행을 위한 와이드 릴리즈라기보다는 독점적 지위를 이용한 횡포로밖에는 보이지 않는다.

스크린 독과점 논쟁은 거의 개봉 첫 주말에 벌어진다. 또한 지금은 스크린(또는 관)보다는 상영회수로 이야기하는 것이 맞다. 과거에는 스크린 당 한 영화가 상영되었기에 스크린으로 계산하는 것이 맞았지만 지금은 한 스크린에서 여러 영화가 상영되다 보니 상영회수로 스크린 경쟁을 이야기하는 것이 맞고 독과점에 대한 논리도 더 부합한다. 지금부터는 상영회수가 관객수 증가, 즉 흥행에 있어 어떤 영향을 미치고 있는지 알아보기로 하자.(상영회수와 더불어 스크린도 같이 참조하였다.)

다음 상단 그래프는 2010년부터 매년 박스오피스 50위까지의 영화를 뽑아 개봉 당시 평균 스크린 수(토요일 개봉 기준)를 통계낸 것이다. 상승폭이 무척 가파르다는 것을 알 수 있다. 스크린 독점이 심해지고 있다는 것이다.

하단 그래프는 같은 조건에서 상영회수를 통계낸 것이다. 역시 스크린 증가 폭과 별 차이 없이 가파른 상승을 보이고 있음을 알 수 있다.

역대 토요일 기준 최대 상영회수로 상영된 상위 5위 영화들

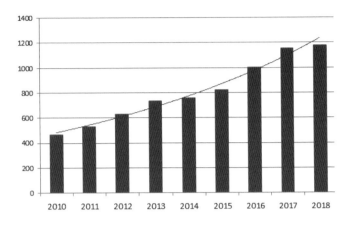

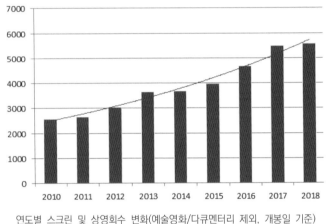

연도별 스크린 및 상영회수 변화(예술영화/다큐멘터리 제외, 개봉일 기준)

토요일 최대 상영회수 상위 5위

순위	영화명	상영회수	년도
1	어벤져스: 인피니티 워	13,184	2018
2	신과 함께: 인과 연	11,160	2018
3	군함도	10,808	2017
4	쥬라기 월드: 폴른 킹덤	10,699	2018
5	스파이더맨: 홈 커밍	10,679	2017

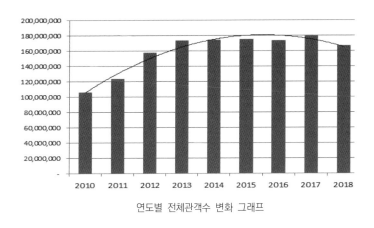

연도별 전체관객수 변화 그래프

을 뽑아보면 왼쪽 표와 같다. 1위에서 5위까지 모두 2017년과 2018년에 개봉된 영화들로서 일일상영회수가 만 회를 넘고 있다. 해를 거듭할수록 상영회수 독과점 현상이 심화되고 있음을 알 수 있다.

그렇다면 상영회수 증가에 따라 관객도 증가하고 있을까? 위의 연도별 전체관객수 변화 그래프는 매년 박스오피스 50위까지의 관객수 총합을 통계낸 것이다. 2013년까지는 상영회수 증가와 비례해서 관객수도 늘어났다. 하지만 2013년과 2018년을 비교해 보면, 2013년 상영회수 평균은 3,658회였고, 2018년은 5,587회였다. 상영회수가 2,000회나 늘어났다. 그렇다면 관객은? 2013년 1억 7,316만인데 비해 2018년은 1억 1,617만으로 오히려 줄었다. 상영회수가 증가하였음에도 그에 비례해 관객은 늘지 않았다.

좀 더 명확하게 살펴보기 위해 이번에는 1년 전체관객수와

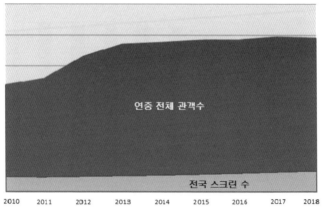

전국 스크린 수와 전체 관객수 변화 추이

전국 스크린 수를 통해 다시 한 번 확인해 보기로 하자. 위 그 래프는 2010년부터 2018년까지의 전국 스크린 수와 전체관객 수 변화 추이를 비교한 것이다. 스크린 수와 상관없이 관객수 가 증가하고 있음을 알 수 있다. 역시 전체 스크린 수와 전체관 객수는 전혀 무관하다는 것을 알 수 있다.

이번에는 한국영화로 좁혀서 영화별 박스오피스 순위와 스 크린 수를 비교해 보았다. 왼쪽은 최종관객수를 기준으로 한 순위이고 오른쪽은 스크린 수를 기준으로 한 순위이다. 역시 개봉 토요일을 기준으로 하였다(2018년 기준).

이것을 다시 영화별 상영회수로 비교해보면, 하단 표와 같 다. 〈신과 함께: 인과 연〉은 상영회수와 최종관객수가 어느 정 도 일치하고 있지만, 〈창궐〉 같은 경우 상영회수로는 2위지만 박스오피스로는 10위권 밖이다. 20위에 위치한다. 6위를 차지

2018년 박스오피스 순위와 스크린 수 비교(개봉 토요일 기준)

순위	영화명	관객수	순위	영화명	스크린
1	신과 함께: 인과 연	1227만	1	신과 함께: 인과 연	2,235
2	안시성	544만	2	독전	1,357
3	완벽한 타인	529만	3	창궐(관객수 20위)	1,351
4	독전	506만	4	완벽한 타인	1,305
5	공작	497만	5	공작	1,304
6	암수살인	379만	6	안시성	1,277
7	국가부도의 날	376만	7	조선명탐정: 흡혈괴마의 비밀(관객수 15위)	1,249
8	그것만이 내세상	342만	8	마약왕(관객수 18위)	1,215
9	마녀	319만	9	국가부도의 날	1,168
10	탐정: 리턴즈	315만	10	암수살인	1,163

2018년 박스오피스 순위와 상영회수 비교(개봉 토요일 기준)

순위	영화명	관객수	순위	영화명	상영회수
1	신과 함께: 인과 연	1227만	1	신과 함께: 인과 연	11,160
2	안시성	544만	2	창궐(관객수 20위)	6,908
3	완벽한 타인	529만	3	완벽한 타인	6,631
4	독전	506만	4	조선명탐정: 흡혈괴마의 비밀	6,609
5	공작	497만	5	독전	6,562
6	암수살인	379만	6	물괴(관객수 34위)	6,358
7	국가부도의 날	376만	7	국가부도의 날	6,286
8	그것만이 내세상	342만	8	암수살인	6,062
9	마녀	319만	9	안시성	5,593
10	탐정: 리턴즈	315만	10	공작	5,397

한 〈물괴〉 또한 박스오피스로는 34위다. 주말 상영회수가 최종관객수에 아무런 도움을 주지 못하고 있음을 알 수 있다.

한국영화 중 최근 5년간 상영회수 평균인 2,906회(개봉 토요일 기준) 이상 상영된 편수를 살펴보면, 2014년 19편, 2015년 21편, 2016년 26편, 2017년 29편, 2018년 34편으로 점점 늘어나고 있는 추세다. 한국영화 연간 전체관객수는 몇 년째 제자리인데 반해 평균 이상의 상영회수로 상영되고 있는 영화들은 매년 늘고 있는 형국이다. 이것의 주범은 한국영화의 대표 배급사인 CJ와 롯데, 쇼박스, NEW라고 할 수 있다. 이렇게 말하면 이들은 억울하다고 항변할 수도 있다. 상영회수는 극장이 알아서 하는 것이지 자신들에게는 힘이 없다고. 배급사는 과연 여기에 책임이 없을까? 스크린 독과점 문제가 불거진다면 정말 거기에서 자유로울 수 있을까?

스크린 독과점은 상영회수의 독점을 의미한다. 장사할 수 있는 좌판을 전부 독차지해버려 다른 사람들은 장사를 하지 못하게 하겠다는 의도로밖에는 볼 수 없다. 뿐만 아니라 새로운 플레이어들의 진입도 막아 보겠다는 속셈도 숨어 있으니 시장 경제의 기본 원리인 자유경쟁이 이루어질 수 없는 구조라 하겠다. 공정하지도 그렇다고 자유롭지도 않은 경쟁을 하고 있다 보니 서로가 서로에게 총을 겨누고 있는 꼴. 어느 한쪽이 방아쇠를 당기는 순간 다 같이 공멸할 운명이다. 공멸 후에도 극장만 탓하고 있을 것인지? 과도한 상영회수에 대한 책임이 1차적으로 극장에게 있는 것은 맞지만 극장이 그럴 수 있게 만든 것은 배급사들이다. 특히 극장과 배급사가 한솥밥을 먹고 있는 회사들의 책임이 가장 크다.

상영회수보다 상영기간이 필요하다.

최근 경향을 살펴보면, 최종관객수 100만 영화들은 평균 2주를 끌고 가야 도달하고 있다. 200만 영화는 평균 3주가 걸렸다. 300만 영화도 도달하기까지 3주가 걸렸다. 그런데 400만 이상영화들은 그 기간이 다시 짧아져 2주 만에 400만에 도달하고 있다. 여기에서 200만 영화와 400만 영화를 배급할 때 서로 다른 전략을 사용해야 하는 이유가 나온다. 200만 영화는 그 흥행을 위한 시간이 400만 영화보다 오히려 한 주가 더 필요하기 때문이다.

최근 300만 이하 영화들이 자신의 잠재 관객수보다 적게 흥행되는 이유도 여기에 있다. 흥행을 위한 충분한 시간이 주어지지 않다 보니 잠재적 관객이 채 채워지기도 전에 극장에서 쫓겨나고 있는 것이다. 이 문제는 무릇 극장 탓만 할 수는 없다. 200만짜리 영화나 400만짜리 영화나 같은 사이즈로 와이드 릴리즈를 하다 보니 극장에서는 400만 영화의 절반밖에 들지 않는 200만 영화를 먼저 종영시킬 수밖에 없으니 200만 영화는 자신에게 필요한 상영기간을 제대로 가져갈 수 없는 것이다.

와이드 릴리즈라고 하여 무조건 많이 여는 것만이 능사가 아니다. 그리고 와이드 릴리즈가 관객의 볼 권리를 보장해 주는 것도 아니다. 영화마다 사이즈가 다르기 때문에 많이 연다고 반드시 관객이 늘지도 않는다. 사이즈에 맞지 않게 열어 놓고 관객이 들지 않는다고 영화 탓만 하는 것은 시장을 책임져야 할 배급자의 자세가 아니다. 많이 열면 그만큼 관객이 올 것이라는 강박관념부터 버려야 한다. 자기 영화의 잠재적 관객을 제대로 파악하는 것이 배급의 첫째가는 덕목이다.

5) 관객이 만드는 역주행 흥행

상영회수나 배급 전략과 상관없이 흥행이 만들어지는 경우가 있다. 만들어진다는 표현이 옳은 표현인 것 같다.

일반적인 흥행 곡선은 첫 주말 이후 일정하게 하락하면서 누적 관객수를 차곡차곡 쌓아가지만, 그렇지 않은 영화가 있다. 뒤로 갈수록 점점 관객이 많이 드는 일명 '역주행 흥행' 영화들이다.

역주행 흥행은 크게 두 가지 경우에서 발생한다. 하나는 예상했던 것보다 관객 반응이 월등히 좋은 경우인데, 이런 의외의 반응은 사실 영화 마케팅에서 생긴 실수, 즉 소구대상에 대한 판단 미스, 콘셉트 미스, 잠재 관객 파악 미스, 경쟁작 파악 미스 등이 영화 상영 중에 바로 잡히면서 관객의 호응도와 함께 관객이 늘어나는 현상이다. 대다수가 여기에 속한다. 반드시 관객의 호응도가 높아야 역주행을 한다.

또 하나는 경쟁영화에 의해 생긴 반사효과 현상이다. 개봉 당시에는 경쟁영화가 힘이 좋아 뒤로 밀렸지만 실제로는 오히려 경쟁영화가 관객 기대치에 못 미치면서 그 반대급부로 뒤늦게 관객이 몰리는 경우이다. 반대급부에 의한 반응력이 커야 역주행을 하게 된다.

이 두 가지 경우 모두 그 주체는 관객이다. 위험을 감수한 소중한 관객보다 뒤 따라가는 모방 관객의 역할이 커지면서 흥행을 주도하는 경우인데, 이로 인해 모방 관객과 위험을 감수한 소중한 관객이 함께 시너지 효과를 내게 되고, 이 시너지가 다

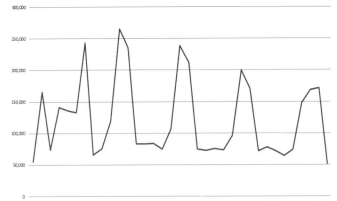

〈써니〉의 흥행 그래프

수결을 신뢰하는 관객을 움직여 엄청난 흥행으로 이어진다. 이런 이유로 역주행 흥행은 대박을 칠 확률이 가장 높은 흥행이기도 하다.

2011년 5월 4일 개봉된 〈써니〉는 첫 주말 1위로 시작한다. 개봉 11일차인 2주말 토요일에 일일 최고기록을 세운다. 이후 연속으로 첫 주말보다 높은 박스오피스를 기록한다. 결국 최종관객 736만으로 첫 주말관객수 대비 21배의 흥행을 이룬다.

우리나라에서 역주행 흥행은 음악영화에서 주로 나오고 있다. 다음은 2018년 10월 31일 개봉한 〈보헤미안 랩소디〉의 흥행 그래프다. 4주말에 탑을 치면서 흥행을 이어간다. 최종관객수 995만으로 첫 주말관객수 대비 19배가 나온다. 이뿐만 아니라 〈비긴 어게인〉, 〈라라랜드〉, 〈레미제라블〉 등에서 이와 유사한 흥행이 이어졌다. 음악영화는 관객의 호응을 제대로 받으

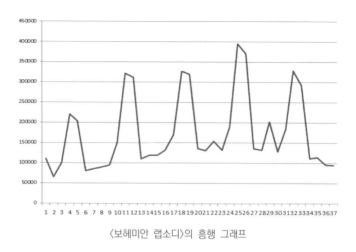

〈보헤미안 랩소디〉의 흥행 그래프

면 역주행 가능성이 높은 장르이다.

역주행 흥행은 관객이 만들어주는 흥행인 만큼 브레이크가 존재하지 않는다. 최종관객수에서 보통 첫 주말 대비 7배 이상 나오고 있다.

6) 익숙한 것이 흥행에 유리하다

원작이 있으면 흥행에 유리하다. 탄탄한 이야기 구조를 가진 원작, 또는 많이 알려진 원작을 영화로 만들면 위험을 감수하는 소중한 관객에게 리스크 헤지가 되어 흥행 가능성이 높아진다. 소설이든 웹툰이든 게임이든 뮤지컬이든 다른 나라에서 제작된 영화든 우리나라의 고전 영화든 상관없다. 대중적 지지를 이미 확보한 익숙한 것이라면 흥행 가능성은 더 커진다.

현재 가장 핫한 마블이나 DC의 영화들도 마찬가지로 원작이

존재하는 영화들이다. 북미에서는 이미 오래전부터 원작이 있
는 영화가 흥행에 유리하다는 사실을 확인하였다. 1920년 히트
를 친 희곡을 원작으로 한 〈동부 저 멀리Way Down East〉를 시
작으로 1922년 로빈 훗 전설을 영화화한 〈로빈 훗Robin Hood〉,
1923년 〈포장마차The Covered Wagon〉, 1924년 〈씨 호크The See
Hawk〉, 1925년 〈빅 퍼레이드The Big Parade〉 등이 흥행에 성공
하였다. 이후 원작은 흥행의 기본 요소가 된다.

최근 6년간 박스오피스 10위권 안에 있는 영화들 중 원작이
있었던 한국영화를 살펴보면 아래와 같다.

원작이 있는 한국영화 흥행작들

년도	영화명 및 순위
2013년	3위 〈설국열차〉, 6위 〈은밀하게 위대하게〉, 9위 〈감시자들〉
2014년	6위 〈타짜: 신의 손〉, 10위 〈표적〉
2015년	4위 〈내부자들〉, 7위 〈검은 사제들〉(단편영화 원작)
2016년	7위 〈럭키〉, 9위 〈덕혜옹주〉
2017년	1위 〈신과 함께: 죄와 벌〉, 6위 〈군함도〉, 9위 〈강철비〉
2018년	1위 〈신과 함께: 인과 연〉, 3위 〈완벽한 타인〉, 4위 〈독전〉

원작을 기반으로 한 영화들이 흥행에 유리함을 알 수 있다.
그 이유는 내용을 잘 알고 있다는 익숙함으로 인해 위험을 감
수하는 소중한 관객들로 하여금 리스크를 줄여주어 초반 흥행
가능성을 높였기 때문이다.

위험을 감수하는 소중한 관객들에게 있어 원작을 영화화할
때 관심을 끄는 것이 있는데 그것이 캐스팅이다. 물론 어느 영
화든 캐스팅에 신경을 안 쓰겠냐마는 원작이 베이스가 될 때

〈은밀하게 위대하게〉 영화 포스터와 웹툰 포스터

는 좀 더 신경을 써야 할 부분이다. 이미 잘 알고 있고 익숙한 만큼 스토리에 대한 학습은 되어 있는 상태라고 봐야 한다. 이 제 그들이 기대하는 것은 누가 나오느냐에 따라 싱크로율을 계산하게 된다. 캐스팅이 흥행을 이끈 영화 중 하나가 〈은밀하게 위대하게〉이다. 최종관객수 696만을 한다.

시리즈는 가장 안전한 전략 중 하나이다.

시리즈로 진행되는 영화를 프랜차이즈 영화라고 한다. 프랜차이즈 영화는 추가적 마케팅 없이도 손쉽게 시장 진입이 가능하다는 장점을 가지고 있다. 즉 위험을 감수한 소중한 관객들에게 리스크 헤지가 되어 있고 모방 관객이 일찍 움직여 주다 보니 초반 흥행에서 강한 모습을 보인다.

〈신과 함께 2: 인과 연〉이 〈신과 함께 1: 죄와 벌〉보다 초반

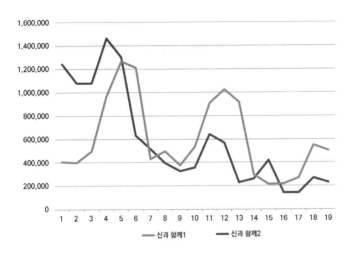

〈신과 함께 1〉과 〈신과 함께 2〉의 흥행 비교

흥행이 더 강하게 나타나고 있다. 대부분의 프랜차이즈 영화들에서 이런 모습을 한다. 최근 초반 흥행이 미치는 영향이 커지고 있는 상황에서 프랜차이즈 영화들은 초반 흥행에 있어 이렇게 유리한 장점을 가지고 있다.

　프랜차이즈는 앞선 시리즈로 인해 스토리와 캐릭터 등이 이미 검증을 받은 상태다. 따라서 동일한 장르 안에서 유사한 패턴의 스토리와 일관된 주인공 캐릭터를 그대로 유지시켜 간다면 흥행 가능성이 높아진다. 하지만 뭐니 뭐니 해도 프랜차이즈 영화가 되기 위해서는 첫 영화가 흥행에 성공해야 한다.

이제는 유니버스다.

　프랜차이즈 영화들이 회차가 늘어날수록 흥행이 점점 떨어지는 것에 비해 특정한 세계를 공유하는 유니버스를 만들어 여

국내 프랜차이즈 영화의 특징

1. 형만한 아우가 없다.
시리즈가 거듭될수록 최종관객수가 전편의 흥행을 뛰어넘지 못하고 있다.

<table>
<tr><td align="center">〈신과 함께〉</td><td align="center">〈조선명탐정〉</td></tr>
<tr><td>1편 〈죄와 벌〉 최종관객 1441만명</td><td>1편 〈각시투구꽃의 비밀〉 479만명</td></tr>
<tr><td>2편 〈인과 연〉 최종관객 1227만명</td><td>2편 〈사라진 놉의 딸〉 387만명</td></tr>
<tr><td></td><td>3편 〈흡혈괴마의 비밀 〉 244만명</td></tr>
</table>

2. 시리즈로 나오기까지 시간이 오래 걸린다.
흥행을 알 수 없으니 처음부터 시리즈를 생각하고 제작되지 못하고 있다. 흥행이 된 후에야 결정이 나다 보니 2편이 나오기까지 3년 이상 소요되고 있다. 이 기간을 줄일 수 있는 방법이 필요하다. 최근 〈신과 함께〉가 동시에 〈죄와 벌〉과 〈인과 연〉을 찍었다. 하지만 초반에 이 리스크를 안고 갈 투자사를 찾는 데 애를 먹었다고 한다. 결국에는 좋은 결과를 만든 케이스가 되었지만.

3. 시리즈 시즌이 없다.
관객의 습관은 중요하다. 1편이 흥행되었다는 것은 그 시기에 소구대상이 있었다는 이야기다. 이 발견은 흥행에서 매우 중요하다. 관객을 발견했다면 그 관객을 잘 유지시킬 필요가 있다.

4. 프랜차이즈 영화의 흥행성은 다음 시리즈 첫 주말관객수에서 나타난다.
앞선 시리즈의 흥행은 다음 편 시리즈의 첫 주말 관객수로 이어진다. 첫 주말관객수는 영화 흥행의 첫 관문이자 시작이다. 크게 시작하면 크게 가고 적게 시작하면 적게 가는 게 일반적인 흐름이다. 첫 주말에 관객을 많이 확보하는 방법을 찾는 게 지금의 마케팅 전략인데, 전편의 도움을 받는다면 이만한 것은 없다.

5. 캐릭터의 중요성
프랜차이즈 영화에 있어 주인공의 캐릭터는 매우 중요하다. 성공한 프랜차이지 영화들을 보면 대부분 캐릭터가 살아있는 경우가 많다. 한국영화에 그러한 캐릭터 영화가 별로 없다는 것이 프랜차이즈 영화로 발전하지 못한 이유로 보인다. 〈공공의 적〉은 강철중 형사로 인해 프랜차이즈가 가능했다.

시장이 애매할 때는 코미디로 승부를 거는 것도 좋은 전략이다.

러 캐릭터를 한데 모아 새로운 이야기를 만들어가는 형태의 프 랜차이즈인 유니버스 영화들은 오히려 시리즈가 거듭될수록 관객이 증가하고 있다.

마블의 마블 시네마틱 유니버스(MCU)가 그렇고, DC의 확 장 유니버스(DCEU)도 마찬가지다. 제임스 완 감독이 이끄는 공포의 세계 '컨저링 유니버스'까지 유니버스는 지금 여러 모양 으로 발전 중에 있다. 이렇게 관객의 호기심을 자극하여 관객 을 늘이는 새로운 형태의 흥행 방식인 유니버스를 우리도 고민 할 때가 왔다.

시장이 좋으면 흥행에 안전한 '액션'을 택하고 시장이 안 좋으면 제작비가 저렴한 '코미디'를 택하라.

시장 상황에 따라 장르를 구분할 필요가 있다. 시장이 좋을 때는 흥행에 있어 안전한 액션을 택하는 것이 유리하고, 시장이 애매하다고 생각되면 관객에게 가장 익숙한 장르인 코미디로 승부하는 것이 유리할 수 있다.

2015년 10월에 개봉된 〈성난 변호사〉, 〈특종: 량첸살인기〉, 〈더 폰〉, 〈그놈이다〉 등이 모두 기대치에 못 미치고 만다. 10월은 뭘 해도 어려운 달이다. 다음해인 2016년 10월 〈럭키〉가 개봉된다. 이 어려운 달에 최종관객수 696만을 기록한다.

2018년 12월 겨울시즌에 〈마약왕〉, 〈스윙키즈〉, 〈PMC: 더 벙커〉까지 기대했던 영화들이 모두 흥행에 실패한다. 망연자실, 시장이 애매해지고 만다. 한 달 후인 2019년 설 시즌에 〈극한직업〉이 개봉된다. 이 영화가 천만을 넘긴다. 아무도 예측하지 못한 상황이다.

나오는 글

영화의 꽃이라 불리는 세 가지 'D'가 있다. Development(기획), Direction(연출), Distribution(배급). 배급이 영화에서 중요한 자리를 차지하고 있다는 것은 분명하다.

배급은 시장을 관리하고 발전시키는 중추적 역할을 담당한다. 특히 배급에 의해 이루어지는 흥행은 영화의 흥망성쇠를 결정짓는 중요한 요소이기에 영화산업의 중심으로서 작용한다. 흥행의 목적은 산업이 장기적으로 살아남고 발전하는 것이며, 이를 위해서는 이익 창출을 통한 경제적 가치 실현과 구성원 복지 향상, 사회적 책임의 수행을 통한 사회적 가치의 실현을 동시에 추구해야 한다. 흥행은 이러한 목적을 달성하는 수단으로서 직접적인 영향을 미친다.

배급은 영화와 관객을 이어주는 가교 역할을 함으로써 관객들로 하여금 행복하고 가치 있는 문화를 향유할 수 있도록 이바지한다. 소비자로서 관객은 영화가 얻는 부가가치의 원천으로서 유일한 고객이다. 우리나라는 다른 나라에 비해 영화에 있어서 특히 단골고객이 많다. 단골고객은 진정한 의미의 고객으로서 재 구매율이 높다는 것이다. 지금의 이 고객은 과거 영화를 보던 습관과는 많이 달라져 있다. 영화를 보는 것만으로 만족하던 시대에서 무엇을 볼까 선택하고 그 선택에 만족했을 때 비로소 고객 만족이 이루어지고 있다. 영화에 있어 그 만족은 특정한 브랜드에 한정되어 있는 것이 아니다. 영화는 다른 산업의 상품처럼 브랜드별로 구분되는 것이 약하다. 영화가 전체적으로 하나의 브랜드로 취급된다. 특히 한국영화는 그렇다.

고객만족은 고객의 니즈와 기대가 충족되어 재구입이 이루어
지고 아울러 고객의 신뢰감이 지속되는 상태에서 비로소 성취된
다. 따라서 영화는 전체가 하나가 되어 고객만족에 힘써야 하는
공동체 성격이 강하다. 배급도 마찬가지이다. 내부로는 경쟁이
필요하지만 배급이란 것이 특정 영화와 특정 관객을 이어주는
역할이 아니기에 대의적 차원에서 고객 만족을 위해 공동체적
책임으로 시장 발전에 이바지해야 하는 것이다.

배급에 있어 경쟁 우위는 사업역량, 생산역량, 영업역량과 그
리고 세부적 핵심역량을 위한 전략 등의 통합으로 구축된다. 지
금까지 이런 부분에 있어 선점과 위치 그리고 시장 점유율 중시
전략이 경쟁의 성패를 좌우하는 가장 중요한 요소였으나 앞으로
는 선행과 기동력으로 대체될 것이다. 소비자가 원하는 영화를
누가 먼저 만들어 내놓느냐? 하는 것이 무엇보다 중요해졌다는
것이다. 여기에 뒤따르는 것이 차별화와 전문화다. 누가 치밀한
데이터를 가지고 소비자가 원하는 영화를 차별화된 기능을 통해
강력한 마케팅과 우수한 품질로 무장하여 가장 빠르게 시장에
내놓느냐에 따라 경쟁 우위를 점하게 된다.

한국영화는 그동안 내수 시장에서의 초과 이윤이 가능했던
시장이었으나 개방이 가속화되고 있는 오늘날 더 이상 여기에
안주할 수 없다. 이제 경쟁 우위도 글로벌 경쟁체제로 돌입하여
야 한다. 이제 배급은 로컬에만 적용되지 않는다. 자체 역량을
강화시켜 글로벌화하는 전략을 강구할 시점이다. 여러분의 건투
를 빈다.

부록: 배급자가 갖추어야 할 조건

좋은 배급자라 함은 영화 시장 전체를 볼 줄 아는 눈, 즉 산업 전체를 읽을 줄 아는 능력이 요구된다. 생산자와 수요자를 바르게 파악할 줄 알아야 균형 있게 산업을 발전시킬 수 있다. 좋은 배급자가 되려면 다음 조건을 갖추어야 한다.

1. 배급자는 시장을 키울 수 있는 능력을 갖춰야 한다.

시장에 새로운 시스템을 도입시키고 법칙을 만들고 체제를 갖추는 데 있어 그 역할을 담당해야 한다. 지속적으로 시장을 끌고 가기 위해서 필요한 덕목이다.

2. 배급자는 시장에 대한 비전을 가지고 있어야 한다.

선명한 비전을 그릴 줄 아는 능력이 필요하다. 정보와 데이터 수집에 있어 영화계를 대표한다고 스스로 인정해야 하다. 따라서 정보와 데이터 수집에 있어 최선을 다해야 한다. 그런 후에야 비전이 생기고 선견지명의 능력이 얻어진다.

3. 배급자는 지적 능력을 골고루 갖추어야 한다.

지적 능력을 갈고 닦아서 무엇을 하든, 누구와 대화하든, 각 분야의 전문가와 가장 높은 수준의 격론을 벌일 수 있는 능력을 갖추어야 한다.

4. 배급자는 사람들의 행복을 위해서 일한다는 자부심을 가져야 한다.

배급은 사람들의 행복을 위해 일하는 직종이다. 관객은 배급을 통해서 영화를 본다. 배급은 영화를 관람하려는 관객들에게 행복을 선사하는 것이다. 뿐만 아니라 배급자는 산업 안에서도 산업 종사자들에게 행복을 선사한다. 흥행이 바로 그런 것이다. 그래서 배급자는 자신보다 영화 내 산업을 먼저 생각하고 행동할 필요가 있다.

지금과 달랐던 흥행판

몇 년 전만 해도 지금처럼 극장이 체인화되지 않아 대부분이 개인 소유의 극장이었다. 매 영화마다 개봉 전에 지방으로 내려가 일명 방구미를 해야 했다. 부산, 대구, 대전, 광주는 직배였기에 직접 영업을 하고, 나머지 지역은 간접배급 지역으로 경남은 부산지방배급업자를 통해, 경북은 대구지방배급업자, 충청은 대전지방배급업자, 호남(제주 포함)은 광주배급업자, 그리고 경기와 강원은 경강지방배급업자와 업무를 진행하였다. 이후 조금씩 직접배급을 넓혀 나갔다.

지방 출장은 방구미만 진행된 것은 아니다. 당시에는 제작비 일부를 지방에서 입도선매 방식으로 미리 당겨서 제작비 또는 마케팅비로 지출하였기에 이런 협상까지도 진행하였다. 당시 거래하던 극장 수가 200군데 정도 되다 보니 지방 출장이 잦을 수밖에 없었다. 당시에는 거의 모든 극장과 합의가 이루어진 후에야 영화가 상영되었다.

이랬던 흥행판이 지금은 서울에 본사를 둔 CGV, 롯데, 메가박스만이 유일한 거래처가 되었다. 지방이라고 해도 이제는 개인이 운영하는 극장이라고는 없다 보니 지방 출장도 없어졌다. 더욱이 지금은 배급사가 상영 극장을 정하는 것이 아니라 극장에서 정해주는 대로 영화가 상영되는 실정이다 보니 '방구미'라는 말도 이제는 사라져 버렸다.

배급사 라인업이 최고의 파워였다

'센 영화 1편이 3편의 영화를 살린다'는 말이 있다. 그래서 대작을 가리켜 '텐트폴' 영화라고 하는 용어가 나왔다. 한 편의 흥행대작이 텐트폴, 즉 텐트를 받쳐주는 기둥 역할을 하여 흥행성이 약한 영화까지 흥행을 가능하게 해준다는 것이다.

당시에 배급사마다 라인업 구성에 열을 올렸다. 이 라인업을 매년 연초에 발표했는데, '일 년 동안 우리는 이런 영화를 합니다.'라고 홍

지금은 사라진 극장들

서울	피카디리, 단성사, 허리우드, 명보, 중앙시네마, 대한, 스카라, 시네코아, 시티, 센츄럴6, Z00002, 시네플러스, 시네하우스, 브로드웨이, 오즈, 뤼미에르, 녹색, 신영, 신촌그랜드, 영화마당, 이화예술, 신촌아트홀, 영화나라, 시네월드, 한일시네마, 연흥, 경원, 명화, 영보, 씨넥스, MMC, 스타식스, 씨네큐브, 코리아, 캣츠21, 옴니, 유토피아, 미도파, 동승, 대지, 상봉시네마, 새서울, 성남, 도원, 키노, 아카데미, 타파니, 뉴시네마, 목동킴스, 애경, 씨네맥스
부산	대영극장, 부산극장, 대한, 씨네시티, 은아
대구	아카데미, 한일, 중앙시네마, 대구, 만경관, 자유, 제일, 씨네아시아
대전	대전, 타임월드, 동백, 둔산시네마, 서라벌, 선사시네마, 신도, 아카데미, 제일, 중앙
광주	광주제일, 무등, 성도, 신동아, 아카데미, 엔터시네마, 태평, 현대
인천	대한, 애관, 인형, 자유, 중앙, 키넥스, 터미널시네마, 피카디리
경기	**수원** 시네마타운, 아카데미, 단오, 중앙, 중앙씨네플라자, 키넥스, **구리** 씨네, 부원, **광명** 개봉, 한복시네마, **의정부** 국도, 의정부, **고양** 나운시네마, 씨네피아, **안양** 아카데미, 뉴월드, 무비프라자, 킴스, **안산** 대한, 영풍시네마, **동두천** 문화, **오산** 비비시네마, **군포** 산본, **성남** 성남, 씨네플라자, 중앙영상아트, 한신코아멀티, **파주** 시네마 천국, **부천** 씨네시마, 씨네포엠, 영시네마, 중앙, **평택** 중앙, 평택, **용인** 화성
강원	**강릉** 롯데리아, 신영, 중앙, **원주** 문화, 시공간, 아카데미, 원주, **춘천** 브로드웨이, 육림, 피카디리, **속초** 중앙
경상	**울산** 천도, 태화, 울산, 시민, 중앙, 명화, **마산** 연흥, 마산시네마, 강남, 피카디리, 태화, 동아, **창원** 정우시네마, 창원, **진주** 동명, 동명아트, 진주, 성남, 대한, **진해** 중앙, 해양, **포항** 가고파, 아카데미, 포항, 씨네큐, 시민, 씨네하우스, **경주** 경주, 대왕, 신라, 명보, **구미** 아카데미, 명보, 씨네포, 중앙, **안동** 대안, 안동, 진성, **경산** 경산, 보슈시네마, **김천** 아카데미, **상주** 명성, **점촌** 가고파, **영주** 영보
충청	**청주** 하이메가플러스, 수정아트홀, 신씨네마, 중앙, 쥬네스시네마, 키노피아, **충주** 아카데미, 테크노타운시네마, **제천** 명보, 중앙, **천안** 야우리, 동방, 명보 아트홀, 시네마타운, 아카데미, 피카디리, 한일, **홍성** 동원, 삼일, **보령** 명보, **공주** 시네마코리아, **아산** 온양, **서산** 크리스탈
전라	**전주** 뉴코리아, 대한, 명보, 명화, 씨네21, 아카데미 아트홀, 코리아, 태평, 피카디리, **군산** 국도, 씨네마우일, **익산** 아카데미, 제일, **정읍** 현대, **순천** 맘모스, 국도, 시네마, **여수** 대영, 중앙, **목포** 남일, 목포, 시네마, 제일, **제주** 탑동, 시네하우스, 아카데미, 코리아, 피카디리, 신제주

보하는 것이다. 물론 지금도 배급사마다 이런 라인업을 구성하는 것은 마찬가지다. 다른 점은 당시 라인업은 철저하게 극장에 대응하기 위한 전략으로 사용되었다는 것이다. 라인업이 약하면 약한 대로 작전이 필요했고, 세면 센 대로 작전이 필요했다. 라인업을 가지고 극장을 흔들 수 있을 정도가 되면 그 배급사에서 배급되는 영화들은 모두 운이 따르게 된다. 라인업을 최대한 이용해서 모든 영화를 살리는 전략을 사용하기 때문이다. 하지만 지금의 라인업은 그저 잘되는 영화는 잘되게 하고 안 되는 영화는 안 되게 하는 것 외에는 아무런 역할을 하지 못하는 것 같다. 그저 잘 팔리는 물건만 많이 팔면 된다는 대형마트 판매 전략과 별반 차이가 없어 보인다.

당시는 롱런 전략이 있었다

롱런 전략은 개봉 전부터 준비된다. 개봉 전에 미리 몇몇 극장들과 상의하여 롱런 가능성을 타진한 후, 가능한 극장에 한해 롱런 계획을 미리 짠다. 개봉이 되고 흥행이 진행되다 어느 정도 지나 관객이 빠지면 다른 극장들은 종영을 시키고 사전에 상의된 극장들을 통해 롱런이 이루어진다. 이런 전략은 극장 사정상 가능한 경우만 진행된다.

롱런 전략은 영화의 소구대상이 중장년층을 포함할 경우에 주로 사용하는데 전반적으로 늦게 움직이는 중장년층 관객을 유도하기 위해 주택가 근처 극장에서 진행된다. 또 다른 경우로는 센 영화가 뒤에 개봉될 때인데(뒤가 막힌 배급) 그 영화에 대비하여 미리 롱런이 가능한 극장을 섭외해 둔다. 영화는 극장에 걸려 있어야만 흥행이 유지되기 때문이다.

하지만 지금은 이러한 롱런 전략이 사라졌다. 관객이 많으면 넘어가고 적으면 내리는 것이 전부다. 종영이 극장 손에 달려 있는 한 배급은 존재이유가 없어진다. 지금 같은 유통구조에서 과연 배급이 무엇인지 다시 한 번 생각해 볼 필요가 있다.

배급사간 협조가 있었다

배급사들은 서로 경쟁관계에 있지만 당시에는 '시장은 결코 우리만의 것이 아니다.'라는 믿음으로 인해 이해타산을 넘어 공동체적 사명감이 있었다. 시장은 그 누구도 아닌 영화가 행복해야 한다. 배급 모임이 정기적으로 있었던 것도 그런 이유 때문이다. 그 모임을 통해 각 회사별로 주말관객수를 오픈하여 박스오피스(당시에는 박스오피스가 없었다)를 만들었고, 극장 독점도 미리 예방할 수 있었으며, 극장이 난발하는 초대권도 정리했으며, 불합리한 다량의 예고편 상영을 막는 규칙을 만들기도 했다. 심지어 흥행성 때문에 극장 상영이 고민되는 영화가 생기면 극장을 설득해서 자신의 영화를 내리고 그 영화를 걸게 유도하기도 했다.

장사가 잘되는 배급사가 자신도 모르게 줏대 없이 극장 논리에 빠질 수 있는 상황을 사전에 막기도 하였다. 극장 논리에 잘못 빠져버리면 시장은 부익부 빈익빈으로 흘러갈 수밖에 없기 때문이다. 지금은 이런 장치도 없거니와 시장을 지키려는 어떤 노력도 거기에 걸맞은 사명감도 찾아보기 힘들다.

시장은 결코 우리만의 것이 아니다. 잘 사용한 후에 잘 정돈해서 제자리에 가져다 놓아야 한다.

배급사가 하지 말아야 할 행위

배급사들 간에 암묵적으로 금지하는 행위가 있었다.

1. 내 영화가 많다고 상대 영화를 포위하는 식으로 개봉하지 마라. 이것은 너무 치사한 방법이기에 이런 방식으로 배급하는 것은 금지하였다.

2. 상대 영화를 궁지로 몰지 마라. 앞서 개봉된 영화가 흥행을 하고 있는데 그 영화를 밀어내고 자신의 영화를 거는 행위는 횡포와 다름없기에 시장 질서 유지 차원에서 금지하였다.

좋은 시장을 만들기 위해 시장 질서를 지켜나가는 것은 공동의 노력이 필요한 일이다. 시장을 지키는 책임은 배급하는 사람들에게 있다. 또한 배급이 시장을 바꾸지 못한다면 아무도 시장을 바꾸지 못한다.

독과점이 가능한 극장 환경이 만들어지다

▷ 필름상영에서 디지털 상영으로 바뀌다.

2009년 〈아바타〉의 흥행으로 극장이 완전히 디지털 영사기로 교체된다. 필름으로 배급할 경우 발생되는 한 부당 프린트 비용인 약 250~300만원의 부담이 없어지게 된 것이다. 지금은 손바닥만 한 하드웨어 하나면 끝이다. 배급사가 주판을 두들겨 상영 극장을 정했던 시대에서, 이제는 극장이 열쇠를 쥐고 그들이 결정해주는 대로 개봉하는 시대로 바뀌었다. 극장 스크린에 대한 키가 배급사에서 극장으로 옮겨졌다.

▷ 상영관 '영화상영신고'가 간편해졌다.

2006년에 기존 영화진흥법과 '음반 및 비디오물 및 게임물에 관한 법률'이 '영화 및 비디오물의 진흥에 관한 법률'로 통합되면서 극장입장권통합전산망에 가입하는 극장에 한해 영화상영신고를 생략할 수 있게 해주었다.

과거에는 관할 구청이나 시청에 직접 신고를 하였고, 스크린 당 신고를 해야 했다. 당시는 금요일 개봉을 하다 보니 한번 신고한 영화는 주말에 관을 교체하는 것이 불가능하였다. 지금은 신고 없이 극장 마음대로 관을 교체하는 것이 가능해졌다. 관 교체, 퐁당퐁당 다 자유로워진 것이다.

▷ 수요일 혹은 목요일에 개봉되다.

과거 금요일 개봉에서 목요일 개봉으로, 지금은 수요일 개봉까지 이르렀다. 심지어 화요일 개봉도 서슴지 않고 있다. 이는 극장에게 매우 유리한 방식이다. 수, 목 흥행에 따라 주말 스크린 배정이 이루어지기 때문이다. 주말 금토일 관객이 주중 관객의 60~70%를 차지한다. 주말에 흥행영화에 상영회수를 더 만들어 줌으로써 극장 입장에서는 관객을 최대한 늘릴 수 있게 됐다. 하지만 이로 인해 극장간에 경쟁은 더 치열해졌다. 서로 경쟁적으로 잘되는 영화에 상영회수를 더 많이 내주고 있는 실정이다.

▷ 극장 파워가 배급사 파워보다 세지다.

현재 전체 극장의 99%[40]를 차지하는 CGV, 롯데, 메가박스 (NEW에서 운영하는 시네Q 포함)가 모두 자사 소유의 배급사를 가지고 있다. 다른 배급사의 견제가 통할 수 없는 구조라는 것이다. 영업과정에서 타사 배급사가 자기 극장에 영화를 주지 않더라도 자기 소유의 배급사가 있기 때문에 아무 어려움이 없다. 극장 파워가 배급사 파워보다 센 만큼 극장에 유리한 구조로 갈 수밖에 없는 것이다.

▷ 여전히 수익의 대부분이 내수시장인 극장에서 나온다.

영화 제작사 입장에서 보면 전체 매출에서 극장이 차지하는 매출이 약 76%이다. 수익이 극장에 집중되어 있다 보니 극장에 목을 매달 수밖에 없는 구조다. 이런 수익구조가 독과점을 부르고 있다.

▷ 극장이 포화상태에 이르면서 경쟁이 치열해지고 있다.

극장은 인구 대비 이미 포화상태에 이르렀다. 심지어 건물 하나 차이로 극장간 경쟁을 하고 있는 실정이다. 이 경우 누가 더 흥행영화를

---

40) 2018년 기준 국내 멀티플렉스 극장은 모두 384개, 이 중 CGV 156개, 롯데 120개, 메가박스 100개, 씨네Q 5개 그리고 서울극장, 대한극장, 천안 야우리극장(2019년 CGV천안터미널로 교체 예정)이 전부다.

많이 거느냐? 하는 싸움을 할 수밖에 없다.

영화의 흥행은 결국 관객들의 선택에 달려 있다. 그런 관객들이 지금의 독과점에 거부감을 느끼고 있다면?

관객은 영화를 통해 정의가 살아 있음을 확인하려고 한다. 그런데 정의를 보여줘야 할 영화가 정의롭지 못한 환경에서 배급된다면 관객은 배신감을 느끼게 될 것이고, 자신이 독과점의 공범이라는 것을 느꼈을 때 그들은 영화를 거부하게 될 것이다.

극장과 배급사 간 표준계약서

정부는 2014년 10월 1일 향후 영화상영관과 배급사 계약 시에 '표준계약서'를 적극적으로 사용하도록 권장하는 '상영 표준계약서'에 대한 합의를 발표하였다.

주요 내용

▷ 최소 7일 상영보장 및 서면합의 또는 개별계약에 의한 교차상영 실시(6조): 최소 1개의 스크린에서 1개의 영화를 상영하도록 하되, 교차상영을 할 경우에는 사전에 서면합의를 하거나 개별계약에서 명시하도록 한다. 특히 개별계약 시 최소 상영회수를 명시하도록 하고, 계약영화가 특정시간대에 몰리거나 관객이 관람하기 어려운 시간대에 배치되지 않도록 일정한 규칙에 따르도록 한다.

▷ 목요일 개봉 기준 최소 3일 전인 월요일에 예매 개시(7조): 상영자는 계약영화에 대해 목요일 개봉 기준으로 최소 3일 전인 월요일까지 상영 스크린에서 예매를 개시하여야 하고, 개별 상영계약에서 예매 개시일을 명시해야 한다.

▷ 정산을 지연한 경우 지연손해금 10% 가산(9조): 상법에 따른 지연이자는 6%이나 상영관 측의 우월적 지위를 고려하여 10%로 규정

한다. * 현재 업계에서 사용 중인 계약서에는 업체에 따라 6%, 10% 로 규정되어 있다.

▷ 사전 계약 없이 무료입장 금지, 계약을 하더라도 5% 이내 한도 설정(10조): 상영자는 원칙적으로 배급자와 계약하지 않고 무료입장 을 허용하거나 무료입장권을 발매할 수 없다. 계약에 따라 진행하더 라도 총 관람객에서 무료입장객이 차지하는 비율이 5%를 넘지 못하 며 이 한도를 초과할 경우 관람객 1인당 최대 2,000원 내에서 배급자 에게 지급해야 한다. * 현재 업계에서 사용하는 계약서에는 업체에 따라 5%, 7%로 규정되어 있다.

▷ 상영자 협력 의무에 입장권 할인 내역 명시(14조): 배급자는 영 화상영관으로부터 무료입장을 포함한 입장권 할인 내역에 대한 자료 를 제공받을 수 있으며 상영자가 임의로 무료입장 비율을 높이거나 배급사와의 합의 없는 할인을 하지 못한다.

* 이러한 내용을 골자로 하는 '상영 표준계약서'에 합의하였지만 지금까지 지켜지지 않고 있다.

참고문헌

김미현·최영준 외, 『한국 영화산업 수익성 분석과 투자 활성화 방안』, 커뮤니케이션북스, 2005

김희경, 『흥행의 재구성』, 지안출판사, 2005

데이비드 프리스틀랜드, 이유정 역, 『왜 상인이 지배하는가』, 원더박스, 2016

바네사 R. 슈와르츠, 노명우·박성일 역, 『구경꾼의 탄생』, 마티, 2006

여선정, 「무성영화시대 식민도시 서울의 영화관람성 연구」, 중앙대학교 대학원 영화학과 석사논문, 1999

영화인회의, 『한국영화 배급시스템 연구』, 2003

영화진흥공사, 『한국영화연감』, 1998/1999, 집문당

영화진흥위원회, 『한국영화연감』, 2000/2001, 집문당

＿＿＿＿, 『한국영화연감』, 2002/2003/2004/2005, 커뮤니케이션북스

＿＿＿＿, 〈영화소비자 조사〉, 〈극장영화소비자 조사〉, 〈영화소비자 행태 조사〉, 〈한국영화 소비자 동향변화 및 영화 선택과정 분석〉 연구보고서

이원희·라준영, 『극장의 영화 선택과 상영관 배분전략에 관한 연구』, 영화진흥위원회, 2005

이치세 다카시게, 이은경·염혜은 역, 『J호러, 할리우드를 쏘다』, 서해문집, 2010

이효인·정종화·한상언, 『한국근대영화사』, 돌베개, 2019

저스틴 와이어트, 조윤장·홍경우 역, 『하이 컨셉트』, 아침이슬, 2004

정명훈, 『영화 투자의 법칙』, 을유문화사, 2005

정재왈, 「한국영화 등장 이전의 영화상영에 관한 연구: 매일신보의 영화 광고를 중심으로」, 고려대학교 언론대학원 석사논문, 1996

제프리 무어, 윤영호 역, 『제프리 무어의 캐즘 마케팅』, 세종서적, 2015

피터 바트, 김경식 역, 『할리우드의 영화전략』, 을유문화사, 2001

J. A. 애버딘, 라제기 역, 『할리우드 전복자들: 게임의 룰을 바꾸다』, 명필름문화재단, 2015

Jason E Squire, *The Movie Business Book*, Fireside Books, 2016